Le Péril Allemand et l'Europe

DU MÊME AUTEUR

Les origines mystiques de la science « allemande ». Paris. F. Alcan, 1913 (Ouvrage achevé en 1911). In-8°. . . . 5 fr. »

La France et l'Esprit français jugés par le « Mercure » de Wieland (1773-1797). Répertoire bibliographique précédé d'une introduction. Paris, F. Alcan, 1913. In-8° . . . 4 fr. »

Du Christianisme au Germanisme. *L'évolution religieuse au XVIIIe siècle et la déviation de l'idéal moderne en Allemagne.* Paris, F. Alcan, mars 1914. (Ouvrage récompensé par l'Académie des Sciences morales et politiques). Achevé en avril 1911. In-8°. . . . . 3 fr. 50

Germania. *L'Allemagne et l'Autriche dans la Civilisation et l'Histoire.* Paris-Nancy, Berger-Levrault, 1916 . . . . . . 3 fr. 50

RENÉ LOTE
AGRÉGÉ DE L'UNIVERSITÉ
DOCTEUR ÈS LETTRES

Le Péril Allemand et l'Europe

PARIS
LIBRAIRIE FÉLIX ALCAN
108, BOULEVARD SAINT-GERMAIN, 108

1916

TABLE DES MATIÈRES

A M. Félix Le Dantec.

Si l'on ne peut demander à l'Histoire toute la précision de votre « Mécanique de la Vie », du moins il n'y a rien de tel que les Sciences de la nature — exposées par un continuateur de Lamarck — pour donner à un historien le sens des réalités. En vous relisant, combien je souhaite à notre époque, déjà victime de philosophiques illusions, une cure de cet esprit de science qui s'appelle modestement le bon sens en Histoire... Après l'aveuglement d'hier, il en faut d'autant plus à l'Europe d'aujourd'hui. Ah! si la Grande Guerre apprenait aux nations alliées à juger leurs ennemis, et à juger aussi leur propre passé; si elles voyaient enfin sans métaphysique le déterminisme implacable de leurs faiblesses et de la force adverse — ou, comme vous diriez, la « Mécanique » rigoureuse du Péril allemand au sein de l'Europe : quelle leçon pour les Etats! Car cette Allemagne qui troubla toujours ses voisins est un produit de leur politique presque autant que de la sienne : elle ne menacerait pas son milieu si ce milieu ne l'avait laissée grandir. De là, double enseignement : aux progrès du Germanisme — en folie comme en puissance — correspondent les défaillances du monde civilisé. De ce danger central, et du cercle de nations alentour, l'un a sans cesse réagi sur l'autre, en des combinaisons diverses que je retrace ici pour l'intelligence du conflit actuel. J'avais étudié dans mes premiers livres l'évolution du mal, ses origines allemandes, une « déviation monstrueuse de la formation moderne » : il me restait à montrer les causes extérieures du même péril, et comment notre humanité aimable s'est exposée à en souffrir, à trouver un jour, au contact odieux d'une barbarie cultivée, des leçons de labeur, d'instruction nationale et de puissance... Je vous dédie, mon cher Maître, cette impartiale esquisse d'un prodigieux exemple de « Transformisme » Européen.

PRÉFACE

LES LEÇONS DE L'HISTOIRE

On a attendu la guerre actuelle pour découvrir le Germanisme. Mais depuis lors, quelle prodigalité de conseils, d'exemples, de « sagesse » : jamais on ne fit tant parler l'Histoire... Moins on a su prévoir, plus on exagère les leçons rétrospectives.

Que d'idées fausses, même appuyées sur l'érudition, la « catastrophe » de 1914 a démenties ! Aux premiers jours, ce fut de la stupeur. On ne pouvait en croire les événements. « Espérons toujours : la guerre n'est pas encore déclarée », se répétaient les pacifistes après l'ordre de mobilisation. « Toute l'Allemagne n'a pourtant pas voulu cette horrible chose ! » murmuraient-ils ensuite, songeurs, voyant la France envahie... Mais la réalité s'imposait. Aussi, quelles crises de conscience, devant la vérité aveuglante qui illuminait enfin le passé ; et quels retours tardifs sur les enseignements méconnus ! N'eût-il pas été plus expédient, suivant la bonne maxime, « de savoir pour prévoir, et de prévoir pour pouvoir » ? Depuis les origines modernes du Germanisme trop longtemps ignoré, l'opinion publique, à de rares exceptions près, a erré dans un mauvais songe...

Certes, il faut revenir sur l'Histoire : mais non pas

avec une foi de néophyte, dans le puéril espoir d'y trouver des solutions toutes prêtes pour nos angoisses présentes, des analogies infaillibles entre ce qui fut et ce qui peut être. Rien ne serait plus contraire à la mobilité de l'Histoire, à l'évolution des temps. Contentons-nous de bien comprendre le passé : de retracer le mécanisme changeant de nos luttes, de nos faiblesses et de nos grandeurs. C'est la meilleure leçon : celle qui assouplit l'intelligence.

Or, pour rendre compte de ce mécanisme, il ne suffit pas d'aligner des détails sur un plan uniforme. Tous les faits n'ont pas même importance : il en est qui ressortent vigoureusement, et dominent. En distinguant ces degrés, l'esprit s'élève. Il sait voir que les grands événements dépassent la portée des menues critiques : on ne peint pas une époque à coups d'épingle. Soyons judicieux pour être justes... Il est même nécessaire de dominer plusieurs périodes, pour se former de l'une d'elles une opinion équitable. Ainsi par exemple, si l'on veut rendre justice à l'œuvre d'un Louis XIV ou d'un Napoléon, on considérera le bel ensemble du « grand siècle », puis la décadence du régime et les dures nécessités après la crise de 89, donc, tout ce qu'a fait le monarque, tout ce que le conquérant a dû refaire : Et on leur saura gré, à l'un comme à l'autre, des bienfaits de la puissance française... en comparaison d'un Germanisme européen qui a grandi ensuite par notre faiblesse et par nos fautes.

LE PÉRIL ALLEMAND
ET L'EUROPE

CHAPITRE PREMIER

MOYEN AGE ET RENAISSANCE. LES LUTTES POUR L'HÉRITAGE LATIN

De tout temps, une France forte et grande a été la meilleure garantie pour la civilisation. Voilà une « leçon d'Histoire » que 1914 a confirmée : or le passé la démontrait abondamment.

Dès le ve siècle, les Francs barbares de « Mérovée » aidaient la Gaule romaine à repousser les Huns d'Attila, plus barbares encore. Trois siècles après, Charles-Martel arrêtait à Poitiers l'invasion musulmane, qui submergeait l'Afrique du Nord et l'Espagne. Mais c'est surtout avec Charlemagne que cette Gaule à demi germanique devint le rempart de la latinité chrétienne : aussi un empire d'Occident fut-il restauré pour elle, par le pape Léon III, en l'année 800. Quels étaient donc les ennemis de ce nouveau peuple, déjà héritier du monde romain ? Ils s'appelaient, par exemple, Saxons ou Bavarois : c'étaient là d'autres Germains restés plus près de la barbarie natale, sous les brumes du nord ou en contact avec les Hongrois et Avars. Déjà Charlemagne dut dompter ces peuplades turbulentes, pour assurer la tranquillité de nos frontières.

Malheureusement l'Empire se démembra au traité de Verdun (843) : la Germanie échappait à l'autorité salutaire de la Gaule, qui se trouvait bien réduite en deçà du Rhin, sa limite historique et naturelle. Le royaume de Lotharingie, intercalé entre les deux autres, dura peu ; mais, après lui, subsista du moins un duché de Lorraine, inféodé à l'Allemagne ; plus un duché de Bourgogne, qui a donné bien de l'ennui à nos rois ; sans compter ces villes flamandes et ce comté d'Artois, que nous ne pûmes recouvrer de sitôt.

Ainsi était brisée cette unité passagère, que Charlemagne avait rétablie à l'Occident entre les peuples « neufs » des invasions barbares, grâce à l'hégémonie renaissante de la civilisation latine. Il fallait tout recommencer : comment se ferait l'unité désormais ? et d'abord celle de la France, avec tous ses fiefs ?

Du reste, la dynastie carolingienne y disparut bientôt. comme en Germanie. Des deux côtés, la royauté devint élective. Sans doute, dès le xe siècle, Hugues Capet eut l'habileté d'assurer à sa famille, en fait, la couronne de France. Mais il était encore un bien petit seigneur ; tandis que la dynastie saxonne, avec Othon Ier dit « le Grand », venait de restaurer partiellement l'Empire de Charlemagne : sous le nom fallacieux de « Saint-Empire romain-germanique » (962). Le pape, croyant trouver un protecteur, avait appelé lui-même sur l'Italie cette domination tudesque !... Heureusement le maître ambitieux qui portait trois couronnes — de Rome, de Milan, d'Aix-la-Chapelle — n'était en Germanie que le roi élu de ses rivaux : les maisons de Saxe, de Franconie et de Souabe exercèrent tour à tour ce pouvoir chancelant au milieu de luttes intestines.

D'autre part, la papauté se trouva bientôt en conflit avec ses impériales créatures, qui menaçaient de la subjuguer : déjà la force insolente des Germains, qui n'étaient chrétiens que de nom, tendait à s'arroger l'autorité spirituelle. Devant ce danger, les souverains pontifes se défendirent par intermittences. Le plus long épisode dans l'âpre lutte du Sacerdoce et de l'Empire fut la querelle des Investitures, quand Grégoire VII humilia son adversaire, venu en pénitent dans les neiges de Canossa (1077).

Troubles en Allemagne, difficultés en Italie : tout cela donnait de l'occupation à nos dangereux voisins. Pendant ce temps, les Capétiens s'affermissaient sur le trône, et Louis-le-Gros allait faire la police de ses domaines.

Enfin les empereurs avaient un troisième sujet d'inquiétude : ces perpétuels envahisseurs se sentaient débordés à leur tour ; la masse des Slaves et des Hongrois pressait leurs frontières de l'est. Charlemagne, de ce côté, avait créé des Marches ; on les amplifia ; elles s'étagèrent du nord au sud. Les Marches d'Autriche et de Brandebourg, notamment, prirent plus tard une place prédominante : l'une, en colonisant les Tchèques et les Magyars ; l'autre, peu à peu, en se « recousant » au duché de Prusse, à travers la Pologne. Mais c'étaient bien des embarras en perspective ; nous n'y pouvions rester indifférents, puisqu'ils nous garantissaient une diversion orientale, vis-à-vis de nos inquiétants voisins : nos rois, par la suite, surent admirablement l'utiliser... Cette diversion devint chronique, durant des siècles. En effet les Hongrois, battus à Augsbourg par Othon Ier en 955, n'en eurent pas moins aux portes de l'Allemagne un grand royaume, d'abord indépendant puis mal soumis. De son côté la Bohème, même incorporée à l'Empire, y joua un rôle fort avantageux pour nous. Enfin notre influence fut, de bonne heure, prépondérante en Pologne.

La situation de la France et l'état de l'Europe indiquaient donc à nos rois les devoirs de leur diplomatie, contre le péril allemand : aussi souvent que possible, faire cause commune avec les papes contre les empereurs ; et à l'est, s'appuyer sur les Slaves. L'ère de nos grandes luttes allait s'ouvrir. Par bonheur, les premiers Capétiens avaient bénéficié de quelque répit, grâce à la demi-anarchie du voisin. Ils en profitèrent pour devenir maîtres chez eux en partie ; mais là même ils eurent fort à faire : car à l'ouest une ennemie inattendue se révélait : l'Angleterre. C'est alors que se complique notre situation européenne : nous étions désormais menacés d'un côté comme de l'autre. Bien plus : les Plantagenets, rois d'Angleterre, possédaient la majeure partie de la France. Philippe-Auguste réussit presque à les déloger. Mais ils gardaient au moins une riche colonie, la Guyenne : domaine qu'ils étendirent aux dépens des Valois, pendant la guerre de Cent Ans. Et notre rivalité n'était pas finie : Louis XIV et Napoléon s'en sont aperçus. Elle fut assez ardente, aux diverses époques de notre Histoire, pour nous faire oublier de part et d'autre l'ennemi perpétuel d'Outre-Rhin... celui qui en fin de compte a profité de nos discordes.

Vers la fin du XIIe siècle, et au début du XIIIe, la double menace, à l'est et à l'ouest, devenait pour nous pressante. Les États de l'Europe occidentale faisaient preuve d'une activité nouvelle. La chevalerie chrétienne avait entrepris des croisades contre les musulmans d'Asie. De ces excursions vers l'ancien monde grec, on ramenait des souvenirs, ou des sujets d'épopée : et la poésie lyrique donnait du charme à la vie de cour. Les romans celtiques de la Table Ronde se répandirent en Angleterre : nous avions nos troubadours ; l'Allemagne eut à notre imitation ses chants épiques et ses Minnesinger. On eût dit que cette première floraison de l'esprit exprimait la vigueur naissante des jeunes nations. Des souverains énergiques, entreprenants, aspiraient à étendre leur puissance, regardaient bien loin au delà de leurs frontières. Chez nous Philippe-Auguste pratiquait avec maîtrise son métier de roi : et dans l'Empire anarchique de nos voisins, les premiers Hohenstaufen prenaient une autorité inconnue jusqu'alors. Les deux États allaient bientôt se heurter...

Sans doute Philippe-Auguste fit cause commune, dans la troisième croisade — œuvre passagère de solidarité européenne — avec le Hohenstaufen Barberousse, le plus puissant de ces empereurs Gibelins qui menacèrent les libertés italiennes. Du moins, après la mort du fils de Barberousse, il s'employa sagement contre l'élection du dangereux Guelfe Othon IV. Il ne réussit pas à l'empêcher. Alors il fallut combattre une coalition européenne, fomentée par les Anglais. Mais la lutte prévue, menée par un grand roi, ne pouvait aboutir qu'à une victoire : celle de Bouvines en 1214. La France lui dut une certaine tranquillité du côté de l'ennemi allemand. Elle avait aussi travaillé pour l'Italie, où le pape Innocent III fit preuve d'une tardive clairvoyance. En nous protégeant nous-mêmes, nous protégions le monde latin.

Cette politique à vues lointaines eut aussi ses moments d'erreur. Mais, en maintenant l'ennemi à bonne distance, en l'occupant chez lui, on se donnait le temps de l'arrêter. Et puis, son ambition dérivait vers l'Italie : c'est là que devait finir la dynastie de Barberousse. En effet notre candidat à l'Empire, Frédéric II de Hohenstaufen, s'était révélé fin lettré mais prince perfide ; et la papauté se repentait d'avoir favorisé une « race de vipères » : elle en fut débarrassée par nos soins. Si notre honnête saint Louis avait peut-être abusé ici d'un naïf esprit de conciliation, son frère Charles d'Anjou agit militairement, et porta le fer dans la plaie. Il fit décapiter à Tagliacozzo le dernier des Hohenstaufen, Conradin, qui tentait de soulever le sud de la péninsule (1268). Combien il était opportun pour nous d'avoir un prince français sur le trône des Deux-Siciles !

Quant à l'intervention directe dans les affaires d'Allemagne, c'était là une précaution élémentaire : et nos souverains, on le voit, en avaient usé. La couronne impériale étant par bonheur élective, le roi de France s'y ménageait un candidat : par exemple au XIIIe siècle, dans cette querelle entre Guelfes et Gibelins. Ensuite, l'anarchie du Grand Interrègne nous procura un répit avantageux. — Bientôt, il est vrai, la maison d'Autriche s'imposa une première fois avec Rodolphe Ier : mais il eut à l'est un rude adversaire, le roi Ottokar II de Bohême... dont la défaite, malheureusement, accrut la puissance autrichienne aux dépens des Slaves. Par contre Albert de Habsbourg, inférieur à son père, perdit la Suisse, dont l'indépendance nous a été si précieuse. — Alors, après la mort d'Albert en 1308, Philippe le Bel essaya de faire élire Charles de Valois, son propre frère. Du moins, une famille presque française remplaça pour près d'un siècle la maison d'Autriche : les Luxembourg, dont l'un, Charles IV, était fils du roi Jean de Bohême, notre héroïque allié de Crécy. Cet empereur Charles est l'auteur de l'inoffensive Bulle d'Or, qui « régularisait » le principe de l'élection pour la couronne impériale : ce régime d'anarchie n'était pas fait pour nous inquiéter. En somme, le voisinage de l'Allemagne devenait supportable, tant que nous n'y laissions pas grandir un pouvoir centralisé, agressif envers notre pays. La précaution nous suffisait : il n'y avait pas lieu de guerroyer, pour l'heure...

Nous avions grand besoin de cette trêve, à l'est. Car la guerre de Cent Ans commençait. Le roi Édouard III d'Angleterre, redoutable vassal de Philippe VI de Valois, l'attaquait : l'existence même de la France était en jeu. L'un de nos plus graves désastres, dans les premières années, fut cette bataille de Crécy, où, aveugle, le vieux roi de Bohême, beau-père de Philippe, vint se faire tuer en 1346 : attestant l'amitié de la nation tchèque et de la France. Fort heureusement le fils de ce valeureux allié, un Luxembourg, régnait alors en Allemagne... Nous pûmes nous relever de nos désastres, une première fois, grâce au Breton Du Guesclin, véritable homme de guerre.

Mais la folie de Charles VI laissa sombrer le royaume dans les guerres civiles, entre les intrigues anti-françaises d'Isabeau de Bavière et l'avidité du duc de Bourgogne : alors parut Jeanne d'Arc « la bonne Lorraine », pure héroïne du patriotisme. Elle délivra Orléans des Anglais, et fit sacrer à Reims son roi Charles VII (1429). Son procès inique et sa mort sur le bûcher n'arrêtèrent pas le beau développement de son œuvre : elle avait sauvé la France.

Il était temps. La couronne impériale d'Allemagne, quoique toujours élective, rentrait en 1438 dans la maison de Habsbourg, pour n'en plus sortir avant 1806. Le monde germanique allait prendre une extension prodigieuse. Déjà notre roi Louis XI n'eut pas trop de toute sa finesse pour déjouer une alliance de l'Empire et de la Bourgogne. Ce duché, un des débris puissants de l'ancienne Lotharingie, était d'un dangereux voisinage. Louis XI finit par se débarrasser du dernier duc Charles le Téméraire, son turbulent rival, qui s'était emparé de la Lorraine et menaçait la Suisse. Mais Marie de Bourgogne, l'héritière, épousa Maximilien d'Autriche. C'est donc à l'Allemagne, désormais, que nous devions disputer nos provinces frontières. *Une lutte commençait entre la France et la nouvelle Germanie*[1], *pour la possession de nos Marches de l'Est jusqu'au Rhin : Franche-Comté, Bourgogne, Lorraine, Alsace. En voilà pour deux siècles.*

Cette lutte prit d'emblée une portée européenne. Elle eut

1. Et par suite l'Espagne, partiellement héritière de Charles-Quint.

pour premier théâtre l'Italie, qui n'était pas moins menacée que nous par les rudes dominateurs germains. Français et Allemands descendaient vers les domaines de l'ancienne Rome, pour s'y disputer par les armes le droit d'hégémonie sur le monde moderne. Assurément ces guerres d'Italie, sous Charles VIII et Louis XII, se ressentent de l'aventureuse imagination des chevaliers. Pourtant il importait de jouer serré. La dynastie d'Autriche, envahissant l'Europe par sa politique d'habiles mariages, intervenait partout. Maximilien, d'accord avec le pape, souleva l'Italie contre Louis XII, que d'abord il avait sournoisement encouragé. Notre roi se laissait « manœuvrer » par l'empereur : fait assez nouveau. L'avenir était gros de menaces. Aussi, à la mort de Maximilien, François Ier, d'une initiative hardie, voulut parer au péril en briguant lui-même la couronne d'Allemagne. Mais les princes électeurs lui préférèrent en 1519 Charles-Quint, déjà roi d'Espagne.

On sait de quelles terribles guerres fut suivi cet échec de notre politique. Si François Ier avait sollicité l'Allemagne par des moyens de persuasion, Charles-Quint tenta de dominer l'Europe par la violence... avec la complicité intermittente d'Henri VIII d'Angleterre! La France se défendit avec ardeur. Et sa cause fut alors d'un intérêt assez général, assez humain — comme de coutume —, pour qu'on puisse excuser son alliance avec Soliman, sultan turc de Constantinople[1], ainsi qu'avec les Luthériens de Brandebourg et d'ailleurs, nos futurs ennemis. Ce qui importe, c'est que la France et l'Europe furent sauvées de Charles-Quint... Il partagea ses couronnes

1. Les Ottomans avaient fondé en 1453 leur empire européen, pour le malheur de la chrétienté des Balkans.

entre son frère et son fils : Ferdinand, roi de Bohême et de Hongrie, fut empereur d'Allemagne ; Philippe II eut l'Espagne, les Pays-Bas et autres domaines. Ici la dislocation était proche : à la faveur de l'agitation protestante, la Hollande ne tarda pas à proclamer son indépendance.

L'Histoire de ce XVIe siècle a une importance humaine : le monde moderne en est directement issu. C'est l'époque de la Renaissance ; la Beauté classique de l'antiquité, mais avec des formes encore plus souples et plus harmonieuses, se dégage des brumes du laborieux Moyen Age : de là le classicisme du XVIIe siècle. C'est aussi la période des voyages et des découvertes : on explore la Terre, sa faune et sa flore, jusque dans les continents lointains; l'esprit s'élargit par l'observation ; l'Histoire, la Géographie, la « Physique du monde », reçoivent une vigoureuse impulsion : de là le XVIIIe siècle, l'Encyclopédie, les origines de la Science expérimentale.

Mais tandis que notre intelligence latine s'enrichit et se cultive, un Germanisme se prépare au centre de l'Europe. En face du libéralisme de la Renaissance italienne, la Réforme de Luther apporte à l'Allemagne mystique[1] sa religion nationale. Religion politique, bien entendu : car elle conseille aux princes de mettre la main sur les biens d'Église. Ils n'attendaient que cette invite, depuis le temps où les premiers chefs du Saint-Empire cher-

1. D'ailleurs la Réforme se répandit surtout dans les pays du Nord, en grande partie sous l'influence du monde germanique. Cette religion nouvelle, simple schisme chez nous, mais peu à peu dominante en Angleterre et en Allemagne par exemple, fut souvent une cause de discordes : et elle-même manqua d'unité. Pourtant la Prusse, de force, lui assigna son rôle de religion d'Etat.

chaient à tenir en tutelle les Souverains Pontifes. La « protestation » de Luther, moine saxon, contre « le pape de Rome » eut donc du succès en Allemagne. Les princes s'empressèrent, en grand nombre, d'adopter une Confession qui leur assurait de telles « sécularisations », bénéfices immédiats. Un pacte, basé sur l'intérêt, rendait complices les petits États « convertis » à la nouvelle Église. Le Brandebourg, notamment, mettait à profit une religion si pratique. Et plus loin, chez les Chevaliers Teutoniques établis en territoire polonais, le grand-maître de l'Ordre, un Hohenzollern, « sécularisa » de même : il se fit duc de Prusse au nom de la Réforme.

Donc, si ce schisme nous avait procuré en Allemagne des alliés provisoires, contre l'ambition écrasante de Charles-Quint, il convenait de surveiller des protégés si suspects. Or la complaisance de nos rois, à leur égard, dépassa parfois les limites de l'utilité et de la prudence. Le plus grand ami de ces Luthériens fut Henri IV, naguère protestant lui-même, dont le libéralisme enjoué, indice d'une évidente bonhomie, ne fut pas toujours en rapport avec le sérieux des difficultés européennes. Assurément, l'aimable Henri de Navarre avait un grand mérite : il resserrait les liens de l'unité française, fort compromise par nos terribles guerres de religion. Or, quand on est d'avis que « Paris vaut bien une messe », on n'a pas de préjugés non plus en politique extérieure. Tout de même, ses projets d'alliance avec les protestants, vers la fin de sa vie, eurent ce fâcheux résultat, de faciliter à l'électeur de Brandebourg la mainmise sur le duché de Clèves.

Puis à l'inverse, le jeune Louis XIII ayant épousé Anne d'Autriche, la diplomatie autrichienne en profita tout d'abord, en l'indisposant contre les Tchèques protestants révoltés. Le roi et son ministre de Luynes pouvaient-ils décemment soutenir ces « républicains » de l'Empire? Argumentation insidieuse, et bien allemande... C'est ainsi que la Bohème fut abandonnée par nous à son malheureux sort, terrassée à la Montagne-Blanche (1620), absorbée dans les domaines des Habsbourg. La guerre de Trente ans commençait par une ruine que notre monarchie n'a jamais réparée. Ceci prouve que les raisons de sentiment, en fait de politique étrangère, sont funestes à tous les régimes. Certaine indulgence d'Henri IV, à l'égard des Luthériens, était aussi dangereuse que l'aversion contraire chez le jeune Louis XIII. Nous n'avions pas moins à craindre du Brandebourg que de la catholique Autriche : en Allemagne, tout pouvoir fort serait tôt ou tard notre ennemi. Il était raisonnable de nous en servir tour à tour, mais déraisonnable de leur sacrifier nos intérêts : d'installer l'un sur la rive gauche du Rhin, et d'abandonner à l'autre nos plus utiles amis, les Slaves de Bohême.

CHAPITRE II

LE SIÈCLE DE LOUIS XIV
L'AUTORITÉ DE LA GRANDE NATION

L'arrivée de Richelieu, précédant Louis XIV au pouvoir, inaugure vraiment le « grand siècle ». Leur politique, comme l'Idéal français à cette époque, est faite de discipline, de netteté, de raison. Les mêmes qualités classiques se manifestent dans l'action comme dans la pensée. Et d'ailleurs ce régime d'autorité, mettant en œuvre une belle civilisation, nous ménageait une royauté intellectuelle en Europe.

Quand le cardinal de Richelieu — un de nos plus grands hommes d'Etat — devint en 1624 le ministre dirigeant du docile Louis XIII, il embrassa d'une vue magistrale l'étendue de sa tâche. Relever, au dedans comme au dehors, la puissance française, compromise par nos guerres de religion, par une diplomatie incertaine, et par les dangereux succès de l'empereur d'Allemagne : telles étaient les conditions de notre puissance, de notre grandeur. Donc, à l'intérieur, ramener la noblesse à une loyale obéissance, et ruiner le « parti » huguenot qui formait un Etat dans l'État ; à l'extérieur, abaisser la maison d'Autriche : tout ce programme fut exécuté point par point. Les protestants s'étant attaqués à l'autorité royale, le cardinal supprima leurs « places de sûreté » et autres privilèges : sa sévérité se borna à leur appliquer dorénavant le droit commun, avec la liberté de culte. Vis-à-vis des nobles, il fut impitoyable par nécessité, et fit parmi les factieux quelques exécutions exemplaires. Enfin sa diplomatie est restée un modèle de « grande politique ».

Richelieu, dans sa lutte contre la maison d'Autriche alors triomphante, soutint les princes protestants d'Allemagne... et ce n'est certes point par sympathie, mais parce qu'il le fallait bien. Il eût contresigné cette instruction mémorable qui date de Henri II : « Tenir sous main les affaires d'Allemagne en aussi grande difficulté qu'il se pourra[1] ». Il commença en effet, sans combattre, par susciter des ennemis à l'empereur : ce qui lui permit de réparer nos forces, en attendant l'heure propice. Les Tchèques de Bohème ayant succombé à la Montagne-Blanche, le roi de Danemark était venu à l'aide des princes protestants : mais pour échouer à son tour. Alors intervint le roi de Suède, à l'instigation de Richelieu, dont les diplomates actifs, bien choisis, servaient à merveille les intérêts de la France, jusqu'autour de la Baltique. Pour donner pleine liberté d'action à Gustave-Adolphe, il avait d'abord fallu rétablir la paix entre la Suède et la Pologne : rien ne pouvait mieux servir nos desseins qu'un accord entre ces deux puissances, dont l'union aurait pu être fatale aux ambitions germaniques. Richelieu, avec sa vaste intelligence, allait droit aux grands moyens d'action lointaine, qui ne visaient rien de moins que l'encerclement de l'Allemagne.

1. Devise soulignée par M. Jacques Bainville dans son ouvrage récent : *Histoire de deux Peuples. La France et l'Empire allemand.* Nouvelle librairie nationale, 1915.

Gustave-Adolphe ayant trouvé la mort au milieu d'une victoire, la France alors entra en scène. Cette fois nous étions prêts. La Hollande, les Suisses, des princes italiens, avaient partie liée avec nous : sans oublier les protestants d'Allemagne, Bernard de Saxe-Weimar et les Suédois. Richelieu, sûr de notre force, profita du moment pour attaquer aussi l'Espagne, plus ou moins associée à l'Autriche depuis Charles-Quint. Nous devions, là aussi, gagner nos frontières naturelles. Le Roussillon fut conquis, et au nord l'Artois : de ce côté, le futur prince de Condé battit à Rocroi les Espagnols. A l'est, Bernard de Saxe-Weimar enlevait l'Alsace aux Impériaux : Turenne, brillamment, s'ouvrait la route de Vienne. L'empereur s'avoua vaincu. Sans doute, notre succès valut de sérieux avantages à notre faux allié l'électeur de Brandebourg ; mais en revanche la Suède s'étendait en Poméranie. Nous avions l'Alsace moins Strasbourg, en attendant le protectorat sur la ligue du Rhin. Sans revenir, en fait, aux limites de l'ancienne Gaule, nous dominions aussi loin. Les traités de Westphalie, signés à Münster et Osnabrück le 24 octobre 1648, confirmaient la division des « Allemagnes », donc l'hégémonie française. Cet état de choses — si heureux pour la civilisation — se prolongea pendant un bon siècle. Onze ans après l'Autriche, l'Espagne, s'avouant vaincue à son tour, allait nous laisser l'Artois et le Roussillon, à la paix des Pyrénées. Richelieu était mort depuis 1642, peu avant son roi : mais, on le voit, sa « grande politique » lui survivait magnifiquement.

La continuité est la première condition d'un régime fort. Même les troubles de la Fronde, après la mort de Louis XIII, ne purent abolir les bienfaits de la direction de Richelieu : car la présence du jeune roi continuait l'unité française, comme il se chargea ensuite de le montrer. D'ailleurs Mazarin, qui fit l'intérim sous la régence fictive d'Anne d'Autriche, ne détruisit rien. Il est remarquable que ce « gredin » des Abruzzes — on l'appelait ainsi — ait su développer la politique du plus grand ministre français. Il conclut en 1658 cette ligue du Rhin qui consacrait notre hégémonie, acquise aux traités de Westphalie. La même année, il termina la guerre avec l'Espagne, en mariant l'infante à Louis XIV. Enfin il se fit médiateur dans les querelles baltiques : soutenant la Suède et la Pologne, pourtant ennemies, et obligeant le Grand électeur de Brandebourg à restituer la Poméranie (Traité d'Oliva, 1660).

Le régime personnel du « grand Roi » a duré de 1661 à 1715. Commencé brillamment, il a fini sans indignité, mais non sans revers. Pour expliquer ce déclin de la France royale, on a accusé l'orgueil provocant de Louis XIV, l' « impérialisme » de Colbert. Faut-il donc donner pleinement raison à nos ennemis d'alors, coalisés pour notre abaissement ? En tout cas, leur ténacité agressive fut aussi responsable de nos luttes que l'orgueil du « grand Roi ». De là, les difficultés de la fin du règne. Les guerres ont épuisé nos finances, causé la misère du peuple — malgré les efforts de Colbert ; les guerres ont ruiné nos compagnies de navigation et tous les projets d'enrichissement. Or ces guerres dépendaient moins d'un « bon plaisir » que de la situation européenne, où la France se devait à elle-même de faire figure selon ses intérêts.

D'abord, nous avions un premier devoir du côté de l'Allemagne : nous garantir ; donc, la tenir en respect sous notre influence. Etait-ce de l'oppression ? Nous n'eûmes pas besoin d'opprimer, durant cette période d'autorité française : notre puissance ne s'imposait pas lourdement, mais par l'habileté et le prestige. Nous dominions politiquement une bonne partie de l'Allemagne, sans y faire régner notre religion. On reconnaissait la supériorité d'un peuple si aimable et si actif, d'ailleurs toujours capable de rappeler sa force, dont il avait donné mainte preuve. En somme, nous civilisions nos voisins par la fermeté et la persuasion. Combien le Germanisme, avec ses rudes procédés de « Culture » humaine, fait regretter cet heureux temps d'hégémonie française !

Du reste, quel pouvait être le « patriotisme » des Allemagnes du Sud : pays longtemps celtiques, puis soumis à l'influence des Francs latinisés ? Notre civilisation avait là-bas des droits historiques ; et, sans l'Autriche et le Brandebourg, la tâche lui eût été aisée. L'Allemand, laborieux, mais assez apathique de nature quand il n'est pas rendu fanatique, n'a guère brillé sous l'ancien régime par l'élan combatif. Si les reîtres et lansquenets, encadrés comme mercenaires dans nos armées, nous rendirent des services appréciables, les troupes impériales — sauf celles d'Autriche — firent piètre figure en mainte rencontre. Les officiers français qui les virent en fuite devant les Turcs, à la bataille de Saint-Gothard en Hongrie

(1664), n'avaient pour elles que du dédain... Il était donc assez naturel qu'un peuple aussi docile, et respectueux des puissances, se laissât guider par le plus fort : surtout quand celui-ci ajoutait au prestige des armes celui de l'esprit. L'histoire de notre ligue du Rhin — cette belle conséquence de la paix de Westphalie — est pleine d'enseignements. Sans cesse se fait jour une considération assez sincère, et parfois naïve, pour l'autorité du grand Roi. On se mettait sous sa protection, on l'invoquait contre l'Empereur, ou dans les querelles entre princes. Ainsi de Lionne régla certain différend à la satisfaction de l'archevêque de Mayence... et de la ville protestante d'Erfurt : on n'est pas plus habile. Pareil résultat de nos bons offices permet d'apprécier le doigté d'une diplomatie. Elle insistait à tout propos sur le principe de la « liberté germanique » : n'était-ce qu'un odieux mensonge, comme on l'a soutenu ? Il va de soi que dans le sens démocratique du mot, Louis XIV ne se souciait pas d'offrir la Liberté aux petits Etats d'Allemagne. Et qui donc la leur a jamais offerte, sous cette forme absolue et chimérique ! Ce n'est pas la Prusse, assurément. Elle-même la Révolution française, conquérant la frontière du Rhin, s'est vite résignée, devant les faits, à garantir par la force son régime pourtant libéral — mais qu'une faiblesse naïve eût discrédité. Du reste, l'indépendance de ces petits Etats n'avait engendré que trop d'anarchie. Aussi Louis XIV faisait-il œuvre salutaire en substituant à ce turbulent désordre une république inoffensive des volontés : système moins oppressif, à coup sûr, que l'uniformité du caporalisme prussien... Bien entendu, il fallait une main ferme, pour assurer à notre grande nation civilisée le respect de sa clientèle rhénane, et la sécurité de sa frontière. Une autre attitude n'en eût pas imposé aux « Allemagnes ». Il est même douteux qu'elles l'eussent comprise...

Voilà bien le réalisme du grand siècle. Il caractérise l'ensemble de notre politique extérieure sous Louis XIV. Il préside au plan élaboré par Colbert pour la grandeur de la France.

Car ce siècle, que le romantisme se représente engourdi d'une « froide raison » classique, fut au contraire une époque bien vivante. Le travail et l'expérience étaient en haut honneur, dans les conseils du Roi ; on s'y rendait compte de toutes les affaires de France et d'Europe : on se renseignait avec un âpre labeur. On créa ainsi à la puissance française, à l'esprit français, des débouchés lointains, des relations avec d'autres continents. Colbert, en son intelligence inventive, entrevoyait les sources de prospérité à travers la poésie des entreprises et des horizons nouveaux. Il nous dota, solennellement, d'une compagnie des Indes Orientales (1664). Nos colons du Canada, il les traita en « père de famille ». Et, vis-à-vis des indigènes, apprécions la fermeté de ses instructions : défense aux administrateurs d'exiger des présents ; mais en revanche, ordre de châtier sévèrement toute révolte, toute violence. Par un tel régime, on se fait respecter.

Évidemment, c'était une grande politique, avec tous ses risques : lésant des intérêts rivaux, éveillant des jalousies au dehors. Elle a fait dire que Louis XIV et Colbert provoquaient l'Europe. Sans doute y eut-il imprudence de leur part. Mais la force et le succès semblent toujours provocants. Devant ces vastes conflits, il serait plus juste de se demander où est le parti de la civilisation. L'Angleterre et la Hollande, qu'offusquait notre expansion coloniale, n'étaient pas nos seules ennemies : déjà le monde germanique presque entier allait se liguer contre nous : on en connaît les tristes suites. Dès lors, on conviendra peut-être que la France du grand siècle représentait une autorité autrement intelligente et respectable, que tel « impérialisme » allemand issu de nos désastres. Ne dénigrons pas notre gloire.

On reproche à Louis XIV ses guerres contre l'Europe. Mais il n'est pas moins manifeste qu'une certaine partie de l'Europe a cherché cette lutte continuelle. Oublie-t-on le rôle de l'Angleterre, son acharnement, l'obstination aveugle qu'elle mit à nous abaisser, pour l'avantage final du Germanisme, inconciliable ennemi commun? Combien de fois, depuis le XVIIe siècle, a-t-elle favorisé à nos dépens — et aux dépens du monde civilisé — une Prusse avide qui rongeait peu à peu le centre de l'Europe... Les progrès du protestantisme en Angleterre aidaient à ce fâcheux rapprochement, à cette imprévoyante sympathie. Dès la Révolution de 1648, Olivier Cromwell, le dictateur puritain qui avait succédé aux rois pacifiques Jacques et Charles Ier, s'érigea en protecteur de l'Europe protestante. Il machina une ligue avec le Brandebourg, les pays scandinaves et aussi la Hollande, projeta de lancer les Suisses sur la Savoie, enfin s'affirma champion de la chrétienté, en Orient comme en tous lieux... et en tira prétexte pour attaquer l'Espagne, sa rivale catholique, dont le « fanatisme » lui faisait évidemment horreur. Cet évangélisme en politique mondiale assura à Cromwell l'empire des mers, et même Dunkerque, prise aux Espagnols :

lourd sacrifice que faisait Mazarin à notre redoutable allié... La mort de Cromwell, la restauration des Stuarts, atténua le danger pour quelque temps. L'aimable « absolutiste » Charles II, ami des plaisirs, avait besoin de notre argent. Louis XIV en profita pour lui acheter Dunkerque (1662) et son aide contre la Hollande (traité de Douvres, 1670). — Ensuite, le règne du catholique Jacques II nous fut encore favorable. Mais la Révolution de 1688 donna la couronne d'Angleterre à notre mortel ennemi Guillaume III, nouveau champion de l'Europe protestante. Nous allons voir à l'œuvre cette haine tenace.

Guillaume d'Orange — et de Nassau —, descendant du fameux Taciturne, était déjà stathouder en Hollande. Or la Hollande devait son existence au protestantisme, qui fut la première forme du patriotisme hollandais, sous la tyrannie espagnole du fils de Charles-Quint. La « Réforme », expression d'une politique, orientait donc les Provinces-Unies vers l'Allemagne luthérienne : et nous étions menacés de leur hostilité. Vis-à-vis de l'Angleterre, leur attitude était plus douteuse ; la Hollande, sa parente de religion, avait un motif de rivalité : le commerce maritime, qui enrichissait les deux pays. Il en résulta un conflit — prélude de l'entente qui allait grouper contre nous les protestants d'Europe.

Ce groupement, hostile à la France, était un indice nouveau. Il est incontestable que nos relations avec l'étranger, au cours du siècle de Louis XIV, ont changé d'orientation et même de nature. Quelles en furent les causes ? Sans doute nous devenions à notre tour la grande puissance européenne, succédant à celle de Charles-Quint : nous nous exposions donc à des coalitions obstinées. On alléguera que notre commerce, nos projets coloniaux, quelques annexions, les ont provoquées. Était-il moins dangereux pour l'Europe, l'impérialisme austro-espagnol du XVIe siècle, quand il nous enserrait de toutes parts et tentait de s'implanter en Bourgogne ? Et pourtant, la lutte contre Louis XIV eut un caractère plus précis, plus acharné. La France, qui jusque-là n'avait eu affaire qu'à des ambitions rivales, se trouva en face de véritables haines nationales et religieuses. Les temps étaient changés : la religion, assez étrangère à nos alliances sous François Ier, allait liguer en face de nous des princes protestants, nos protégés de naguère. Qu'était-il advenu? D'abord la France, passant de la défensive à la posture d'un État souverain, élargissait ses plans européens, organisait une politique d'influence en vue de l'avenir, puisque nous dominions le présent. D'anciennes accointances, inspirées par une opportunité passagère, se muèrent fort logiquement en hostilité. *Ce fut, à l'égard du Brandebourg, le début d'un juste renversement d'alliances, que Louis XV achèvera un peu plus tard, parmi trop d'erreurs*. La transformation de notre attitude envers l'Europe, signe de la maturité de l'État français, fut mieux qu'une suite de caprices. Si Louis XIV, par exemple, se retourna contre les Turcs qui nous avaient servis jadis, et s'il châtia les pirates barbaresques en 1664, c'est encore une conséquence de notre grande politique : il assumait aux regards de tous un rôle éminent vis-à-vis de l'Islam, celui de champion de la chrétienté, autour de la Méditerranée « latine ». Or nous devons à son initiative notre empire de l'Afrique du Nord... Si d'autre part il rompit avec la Hollande, ce n'est pas sans raison : notre ancienne protégée n'était plus cette association précaire de provinces révoltées, soutenues naguère par Henri IV contre Philippe III d'Espagne ; servie par sa situation sur mer, elle créait à tous des embarras ; nous ne fûmes pas les seuls à nous en apercevoir. Et quant à la Prusse, on ne saurait non plus reprocher au grand roi de s'en être fait une ennemie : du reste elle prit les devants ; notre longue hostilité, notre répugnance à reconnaître la royauté des Hohenzollern, sont des titres de gloire pour la France.

Les annexions territoriales de Louis XIV n'eurent d'ailleurs pas, dès le début, ce caractère d'intolérable ambition qu'on veut bien prêter à tous ses projets. Lui-même Sully, sous notre bon Henri IV, opinait pour l'annexion des provinces qui lui semblaient être de la « bienséance » de nos limites ; et ces justes limites, d'après Richelieu, étaient celles de l'ancienne Gaule. De fait, la paix de Westphalie nous avait donné l'Alsace moins Strasbourg ; la paix des Pyrénées, l'Artois et le Roussillon. Puis, en une même année (1662), Louis XIV acheta Dunkerque à Charles II d'Angleterre, et la Lorraine à son duc : celle-ci pourtant lui échappa. Mais en « protégeant » la ligue du Rhin, il gardait la haute main sur les affaires d'Allemagne, se ménageait des occasions d'arrondir notre Alsace. Pour le moment, il était tranquille de ce côté. Le danger venait plutôt de la Hollande. Après une alliance illusoire, les intérêts allaient se heurter, entrer en conflit.

La première entreprise du roi, la guerre de Dévolution, résulta d'exigences assez modérées. Il n'avait, sur une partie des possessions espagnoles, pas moins de droits que Léopold, empereur d'Allemagne : et nous ne pouvions permettre un nouvel empire de Charles-Quint. Ces droits, Turenne les rendit effectifs en s'emparant de la Flandre : nous ne l'eussions pas obtenue du consentement de l'Europe. Quant à la « libre volonté » de la province, nul de nos adversaires ne songeait à la consulter : l'Angleterre avait en vue les bouches de l'Escaut ; et la Hollande eût fait volontiers ce qu'elle nous reprochait. Il était tout aussi logique que le pays contesté nous appartînt... Nos deux rivales purent s'entendre avec la Suède Leur triple alliance de la Haye (janvier 1668) ne dressait nullement le « Droit » contre la « Force ». Tout se ramenait à un conflit de puissances. Et, la plus civilisée étant la nôtre, l'intérêt de la civilisation restait de notre côté. Toute autre considération est assez indifférente en Histoire.

La médiation de la Hollande, en vue de limiter notre action, présageait un conflit prochain. On s'y préparait plus ou moins : de Witt, alors « grand pensionnaire », le fit plus mollement que Louis XIV ; et ce fut une faute des Hollandais, qui, pour soutenir une politique hautaine, avaient à peine les moyens de se défendre. Ils subirent la guerre plutôt qu'ils ne la voulurent. Mais ceci n'est pas une garantie d'innocence : on connaissait trop leurs habitudes d'usurpation, et — suivant le mot d'un de nos ambassadeurs — leur principe « d'ôter le commerce à tout le monde »... La France, qui s'armait en temps utile, sut aussi négocier. Henriette d'Angleterre ménagea un accord entre son frère Charles II et son beau-frère Louis XIV (traité de Douvres, 1670). La Suède, malgré les offres hollandaises, se laissa acheter par Pomponne, qui devint alors ministre — de Lionne étant mort. Les électeurs de Cologne et de Bavière nous furent également acquis. Il est vrai que celui de Brandebourg passait dans le camp de nos ennemis : cette hardie volte-face, le démasquant, nous permettait de voir clair et d'agir. Que n'avons-nous profité des circonstances pour annihiler ce péril naissant?

La Hollande, envahie, eut un sursaut de fanatisme : les frères de Witt furent massacrés ; le pouvoir militaire l'emporta avec Guillaume d'Orange, qui cachait une âpre ambition sous un masque de puritain. Du moins Turenne châtia l'électeur de Brandebourg, qui s'empressa de faire la paix (1674). Mais les Provinces-Unies nous opposèrent une coalition avec l'Espagne et l'Autriche ; les révoltés se rapprochaient de leurs anciens oppresseurs : si forte était la haine contre nous. L'Autriche, notre ennemie séculaire, se souvenait de nos luttes : et l'Espagne avait épousé sa querelle : la France ne pouvait attendre du monde catholique l'appui que Guillaume d'Orange allait trouver dans le monde protestant... Naturellement, l'Espagne fut dupe et fit les frais de la guerre. Les victoires de Turenne nous valurent la Franche-Comté et des villes de Flandre, à la paix de Nimègue (1678-79) : acquisitions raisonnables, et aussi « naturelles » qu'une annexion peut l'être.

Ce n'est donc pas une folle ambition française qui suscita contre nous une nouvelle coalition. Il y eut bien quelque insolence d'orgueil, ou de gestes, de la part du grand roi, pourtant assez prudent dans ses actes. Il y eut aussi le ressentiment d'un pays pillé : les livres hollandais l'inculquèrent à la jeunesse, nous assure Voltaire, qui n'est pas éloigné de leur donner raison. Il est vrai, ajoute un ouvrage peu suspect de partialité pour Louvois, « que la guerre faite par les armées étrangères était aussi barbare » que la conduite des nôtres[1]...

De plus, puisqu'il est question de nos « conquêtes », que dire du Grand Électeur, qui avait profité de sa victoire de Fehrbellin pour prendre aux Suédois la Poméranie (1675) ? Quant à l'Angleterre protestante, assez fanatique à ses heures, elle tendait à se détourner de nous dès 1677, quand le stathouder de Hollande épousa Marie d'York, héritière de la couronne. Comme la France eût été imprudente, devant une pareille Europe, en ne consolidant pas ses avantages ! Par exemple, l'annexion de la ville « neutre » de Strasbourg, en 1681, mit fin à une neutralité respectée par nous seuls, et violée sans scrupule par les Allemands. Il importait de leur « fermer l'entrée de la France ».

Et de même dans l'est de l'Europe, le souci de notre sécurité nous conseillait de ne pas rester inactifs. Notre amie traditionnelle était la Pologne, où Mazarin avait placé naguère une princesse française, diplomate dévouée, épouse du roi Ladislas puis de son successeur Jean-Casimir. Pendant la guerre de Hollande, Jean Sobieski venait de faire une diversion à notre avantage, en occupant les Impériaux en Hongrie. Ensuite il permit aux Suédois, nos alliés, de lever une armée dans son pays, contre la Prusse (1678). Mais quelques années après, la menace turque, redoutable à toute la chrétienté d'Orient, à la

1. Ernest Lavisse. *Histoire de France*, t. VII, II, Louis XIV. Paris, Hachette, p. 324.

Pologne comme à l'Autriche, donna beau jeu aux intrigues de Vienne : Sobieski fut dupe de l'Empereur, dont il sauva la capitale... et qui en profita aussitôt pour reconquérir la Hongrie.

Au moment où les signes de la puissance française excitaient les rancunes de l'Europe, la Révocation de l'Édit de Nantes (1684) offrit une occasion, un prétexte, aux États protestants. Louis XIV eût-il pu l'éviter? En tous cas, les ennemis de la France tirèrent vite parti de cet acte de politique intérieure. Le Grand Électeur dénonça bien haut la persécution, pour attirer nos émigrés... puis, assez rudement, recruter parmi eux des soldats. Il allégua même le péril que courait le protestantisme, pour convaincre le roi de Suède de la nécessité d'une alliance. Guillaume de Hollande — qui allait aussi entraîner l'Angleterre — les aida de son entremise. Naturellement l'Autriche, quoique catholique, était trop allemande pour ne pas soutenir nos ennemis. Quant à l'Espagne — un peu dépaysée dans cette conjuration germanique — elle se souvenait obstinément de son ancienne gloire, de ses défaites à venger, de la Flandre, de la Franche-Comté perdues. Elle aussi entra dans la Ligue d'Augsbourg (1686). Enfin le pape Innocent XI, fidèle à l'Autriche par crainte d'une invasion turque, était disposé à nous donner tort à tout prix : il favorisait les Allemands dans l'espoir d'empêcher la guerre, pour rester mieux garanti du côté de Constantinople. Il fit donc cause commune avec l'empereur catholique, allié à nos ennemis protestants.

Et ainsi Louis XIV fut seul contre l'Europe entière. Ce « conquérant », somme toute, se voyait imposer une guerre défensive. La France luttait pour son existence :

il le comprit. Il recourut à une mesure extrême, mais que nous avions appliquée nous-mêmes à notre Provence en face des Impériaux de Charles-Quint : nous fîmes du Palatinat un désert entre l'ennemi et nous (1688-89). Les Allemands s'en exaspérèrent : leur indignation a duré plus de deux siècles. Et pourtant les théories modernes de leur Bernhardi suffiraient à excuser le « crime » de Louvois... En même temps notre diplomatie, conduite avec une belle unité de vues, cherchait une diversion vers l'Est, où les Turcs menaçaient de nouveau l'Autriche. Mais surtout, nous fûmes victorieux. Le maréchal de Luxembourg, aux journées de Steinkerque et de Neerwinden (1692-93), commença de convertir Guillaume d'Orange, par la force des armes, au parti de la paix. En Italie d'autre part, le duc de Savoie, avec un joli machiavélisme, plein de promesses, trahissait ses alliés autrichiens et dévastait le Milanais. L'empereur s'effraya. Du reste Louis XIV, selon son habitude, sut adapter ses exigences à la situation : car la France aussi avait besoin de la paix ; il s'en rendait compte. Par le traité de Ryswick (1697), il ne fit reconnaître qu'une annexion : celle de Strasbourg.

Une autre affaire sollicitait son application : la succession d'Espagne. Il ne s'agissait pas de conquête : mais d'acquérir, par un moyen détourné, la Savoie et la Lorraine, qui nous eussent rapprochés de nos frontières naturelles. Louis XIV ne cherchait pas querelle à l'empereur ; il lui offrait un partage. Mais le Habsbourg voulut toute la succession. Alors le roi d'Espagne lui préféra un petit-fils de Louis XIV : d'où, une nouvelle guerre en perspective. Notre roi n'y tenait pas : il se fût contenté, pour l'instant, de voir un Bourbon sur le trône d'Espagne ; il renonçait aux annexions que lui avait promises un accord antérieur avec Guillaume d'Orange lui-même. Le revirement de celui-ci — dont la haine ne désarmait pas —, et la jalousie impériale, déchaînèrent le conflit. Une Grande-Alliance (1701) unit de nouveau nos ennemis implacables. Guillaume, avec la Hollande, entraînait l'Angleterre dont il était roi ; et l'empereur s'entourait de princes allemands. Louis XIV répliqua en saluant comme roi d'Angleterre le catholique Jacques III. C'était de bonne lutte : on nous provoquait.

Guillaume d'Orange mourut avant la déclaration de guerre ; mais l'œuvre de sa haine suivit son cours. A notre offensive en Italie et sur le Danube, succéda une pénible défensive, devant Marlborough et le prince Eugène. Enfin Vendôme, à Villaviciosa, assura l'Espagne à Philippe V (1710) ; et Villars sauva la France à Denain (1712). Sans doute les traités d'Utrecht et de Rastadt (1713-14) donnèrent à l'empereur les Pays-Bas et une partie de l'Italie ; ils avantageaient aussi l'Angleterre, en nous enlevant l'Acadie et Terre-Neuve ; mais ils laissaient intactes nos frontières après toutes les acquisitions du règne : la France accrue subsistait. Nous devions ce résultat à la constance du roi, en qui les justes alarmes devant le péril ne décourageaient point la patience et le jugement. Soucieux de sa dignité au milieu des épreuves, il avait refusé de détrôner lui-même son petit-fils Philippe V : il est des humiliations qui ne profiteraient pas à un grand Etat, car elles en marqueraient l'abaissement... Encore en 1713, pendant les négociations, Louis XIV réclamait de notre diplomatie une paix qui convînt « à sa gloire », c'est-à-dire « à l'état présent de ses affaires ». *Il faut louer pareille fermeté de ton, qui, soutenant des désirs mesurés, évita à notre « grande nation » la tristesse de subir la honteuse loi des appétits européens, et d'une clientèle révoltée contre son prestige. La fin d'un règne si lourd, si chargé d'efforts et d'entreprises qu'il faillit succomber sous la revanche de l'Europe, constituait encore une belle démonstration de puissance.*

Les conséquences de cette dignité persévérante se firent sentir longtemps. Les guerres de Louis XIV avaient été coûteuses et sanglantes : mais qu'on n'oublie pas la responsabilité de ses ennemis. *Il avait fallu défendre la France, durant des années, contre l'invasion ; or elle garda tout son territoire, et les provinces — déjà presque françaises — dont elle s'était arrondie : œuvre de son labeur, de son influence, de sa civilisation ; résultat tangible de notre grand siècle...*

D'autre part, si elle s'était affaiblie en combattant pour son existence et sa grandeur, ses ennemis — qui lui consentirent enfin une paix honorable — ne se trouvaient pas moins las. On vit même l'Angleterre, se rapprochant de nous, devenir notre alliée (1716-1740). Revirement intéressé, du reste : la reine des mers, assez avantagée au traité d'Utrecht, désirait le statu quo, menacé par le ressentiment espagnol. L'Espagne au contraire, lésée par l'Autriche, dont elle devenait la victime après avoir été la dupe, sentait renaître avec l'ambitieux Alberoni son orgueil des grands jours d'imprudence. Il fut impossible d'empêcher un essai de revanche. Devant le machiavélisme d'Alberoni, qui fomentait chez eux la guerre civile, les conciliateurs prirent fait et cause pour l'empereur : ce qui ramena la paix (traité de Vienne, 1725). La succession d'Espagne était enfin réglée ; après une brouille passagère, Espagne et France (1729) reconstituaient l'union de famille qu'avait voulue Louis XIV. Sans doute elle nous a entraînés plus tard à des sacrifices inutiles. Mais ceci est la suite de l'histoire, l'interprétation de Louis XV. Avant d'y arriver, nous signalons ici les avantages posthumes d'une haute direction : la paix garantie au sud ; des haines éteintes, ou calmées ; un prestige peu atteint. Tranquilles ailleurs, nous pouvions observer à l'est l'éternel adversaire.

CHAPITRE III

AU TOURNANT FATAL. LA FRANCE DE LOUIS XV ET LA PRUSSE DE FRÉDÉRIC II

Il est donc manifeste que le développement de la politique de Louis XIV va jusqu'aux conclusions de 1716 et de 1729 : accord avec l'Angleterre, accord avec l'Espagne, et maintien de nos « frontières naturelles », conquises pourtant malgré l'une et contre l'autre. C'est, à tout prendre, un exemple appréciable de ténacité et de diplomatie.

Ensuite, la « grande politique » prend un cours nouveau. Mais combien il eût fallu de labeur et de persévérance, de compétence et de sérieux, pour mener à bien un règlement convenable des questions orientales, comme nous avions ménagé un honnête équilibre à l'ouest et au sud... Vers l'est, luttaient des peuples plus « neufs », en genèse d'unité nationale ou en état d'impuissance ; certains d'entre eux se débattaient encore dans la pénombre d'une demi-barbarie. Laquelle, parmi les nations, saurait profiter de ce désordre politique et de cette ignorance ? Qui donc établirait sur les confins germano-slaves l'autorité de ses armes et de ses idées ? Le germanisme latent n'avait pas encore mûri comme doctrine d'État : il était temps d'enrayer les progrès de la Prusse, à peine promue à la dignité de royaume (1701). Justement l'Autriche, fort gênée par des problèmes intérieurs de succession, nous laissait quelque répit. Au surplus, l'activité de notre diplomatie, sans cesse en éveil, nous avait appris à jouer un rôle dans les questions baltique, polonaise ou turque. Nous étions instruits des subtilités orientales, et experts à embarrasser la politique autrichienne. Nous appliquions ce principe de haute prévoyance, que l'action au loin doit être une garantie de plus pour la sécurité des frontières. A plusieurs reprises, nos rois s'étaient servis des Turcs, des Polonais, des Hongrois, suscitant aux Impériaux des diversions qui venaient à point. De même, ces rois avaient eu la sagesse d'utiliser en Allemagne le schisme luthérien, aux heures de suprême péril. Simple expédient : car les appétits et les procédés de nos associés de Brandebourg tendaient à leur tailler une large part sur les ruines de notre hégémonie. Et du reste la Prusse était l' « ennemie née » de la Pologne. Celle-ci nous aida donc quelque peu à la contenir ; et pour la même besogne la Suède surtout nous fut jadis d'un grand secours. Or Pologne et Suède ne s'entendaient guère ; il nous était arrivé pourtant de les mettre d'accord au moment propice... Ainsi la France, au temps de sa force, réussissait de loin un prodige d'équilibre entre les ambitions complexes de l'Est européen.

Assez brusquement, la direction lui échappa. La Suède, mal surveillée par nous, se laissa entraîner par son roi Charles XII à de folles conquêtes, donc à sa décadence. Un jeune État slave à demi-asiatique, la Moscovie, surgit soudain du fond de l'Europe, s'étendit vers la Baltique, vers la Mer Noire : faisant reculer les Turcs, mais pactisant avec le monde germanique pour mieux dépouiller Suédois et Polonais. Cette intervention inopinée, vers la fin du règne de Louis XIV, dans une Europe orientale si instable, en bouleversa les proportions. Et malheureusement, nous étions aux prises avec des coalitions trop acharnées pour que nous pussions prendre les devants. En quelques années, tandis qu'à l'ouest et au sud nous nous débattions avec peine, là-bas tout changea : *la puissance suédoise fut réduite, la Russie grandit trop loin de nous, la Pologne menaça de s'effondrer*, et les Allemands commencèrent de s'y introduire avec les Russes, qu'ils gagnaient d'ailleurs à leur influence. Ainsi se préparait, au lieu de l'équilibre dû à notre ancienne politique, une *germanisation de l'Europe Orientale.*

Un avenir inquiétant s'annonçait, dès le début du règne de Louis XV. Il aurait fallu du génie pour y parer. On n'eut que des habiletés de détail, certain souci des traditions, des vieilles amitiés et des beaux gestes, une générosité mal soutenue par un pouvoir capricieux et débile. La France, qui avait fait tant de prodiges en Europe, fit encore, au XVIIIe siècle, celui de rester debout et, en somme, de faire figure. On s'explique toutefois comment elle y parvint, bien qu'elle eût ruiné son État — comme la Révolution allait le prouver — et compromis son avenir européen. Elle dut encore une certaine puissance à ses frontières élargies et sûres, aux bonnes garanties prises par Louis XIV, à cet apaisement d'anciens adversaires, voisins immédiats ou presque, maintenant épuisés ou amis : la Hollande, l'Espagne... Mais regardons au-delà, dépassons la zone de sécurité trompeuse, dont se satisfait volontiers l'inertie d'un peuple insouciant. A quoi se trouvera réduite, après deux nouvelles guerres en Allemagne, notre résistance aux progrès de la Prusse ? Où garderons-nous une influence réelle, hormis celle de nos « philosophes », qui ne valut à notre politique nulle autorité effective sur aucun de leurs faux disciples : ni sur Frédéric II, ni sur Catherine, ni sur Joseph II, trois spécimens d'impérialisme ? Il eût été plus expédient de maintenir la Pologne. Mais la France, quand elle s'y évertua, ne le pouvait déjà plus. Ainsi la décadence de notre œuvre extérieure nous ramenait peu à peu à nos limites, fatalement. La perte de nos colonies consomma ce retour de fortune, qui était surtout un retour à l'inertie, une chute d'énergie nationale.

Logiquement, la nouvelle phase débuta par une crise polonaise. La royale « République » ne s'appartenait déjà presque plus : Charles VI d'Autriche et les Russes s'immisçaient dans ses affaires et y entretenaient le désordre, par la faute de son système anarchique de *liberum veto* et de couronne élective. Non seulement le duché de Prusse, autrefois vassal, s'était érigé en royaume, mais, comme par une revanche du monde germanique, un Allemand « bon à tout faire », l'électeur de Saxe Auguste II, était devenu roi de Pologne. Ainsi, comme presque toujours, la déchéance d'un pays slave se marquait par une germanisation préalable ; et le malheur fut que les Moscovites y prêtèrent les mains. Que faisait donc notre diplomatie ? Elle parut se réveiller, en dépit du timide cardinal Fleury qui se croyait et que l'on crut fort habile. Fallait-il laisser périr sitôt ce vaste État, dont la disparition a provoqué des calamités graves : telles que l'hégémonie orientale de l'Austro-Allemagne, et la complicité germano-russe pendant plus d'un siècle ? Louis XV n'intervint guère que pour une raison de famille... mais il intervint. Il voulait rendre le trône de Pologne à Stanislas Leczinski, son beau-père, donc évincer l'Allemand Auguste III, fils du roi précédent et candidat de l'empereur Charles VI. Du reste, la guerre fut heureuse sur le Rhin et en Italie, avec le concours de la Savoie et de l'Espagne ; l'Angleterre, encore ménagée, n'intervint pas contre nous... Cependant, malgré nos victoires, nous abandonnâmes à l'ennemi la couronne polonaise, pour des compensations plus proches : le duché de Lorraine donné à Stanislas, qui nous le léguera, et le royaume des Deux-Siciles, cédé au Bourbon don Carlos (Paix de Vienne, 1738). Somme toute, Louis XV y gagnait, pour son royaume et pour sa famille. Mais nous renoncions à une garantie sérieuse dans l'Europe Orientale.

Toutefois, la ruine de notre œuvre ne fut pas encore consommée. La solution germanique qui devait se substituer à la nôtre avec le concours des Russes, n'était pas au point. La rivalité entre la Prusse et l'Autriche retarda cette issue si fatale à l'équilibre européen. Or quel rôle avons-nous joué dans ce conflit ? Il eût importé, en effet, de comprendre que *la querelle austro-prussienne*, cette crise de croissance dans le jeune État de Frédéric II, *préludait au règlement plus grave des questions orientales*, slave ou turque. Malheureusement il apparaît qu'ici notre politique ne s'est pas élevée à la hauteur de vues nécessaire. Elle ne dirigea point les événements, elle les subit, et y para comme elle put, souvent trop tard, ou distraitement : avec des heures de lucidité, un reste de traditions, de respect de soi-même, et surtout avec des traits d'héroïsme sans lendemain.

Étant données ces dispositions d'esprit, sous un ministère Fleury, le règlement de la succession d'Autriche se présenta à notre gouvernement comme une série d'affaires au jour le jour. Il s'y engageait, tiraillé par des intrigues de cour, sans dominer le présent, sans véritable ligne de conduite : pour choisir, il attendait les sollicitations de l'heure. Tandis que Frédéric II envahissait déjà la Silésie, le cardinal hésitait. Un courtisan fastueux et léger, le comte de Belle-Isle, qui ne rêvait que d'abaisser l'Autriche, ennemie séculaire, partit en ambassade auprès de Frédéric. Une alliance se conclut : toutefois, sans précipitation de notre part, et non sans promesses du roi de Prusse envers nos protégés d'Allemagne. Nous étions encore en posture honorable. L'intervention anglaise commença de tout gâter.

L'Angleterre a joué dans nos affaires continentales un rôle dont on a vanté complaisamment le génie politique et la haute clairvoyance, jusqu'à nos jours. On l'admire d'avoir tenu en échec Louis XIV, dépouillé Louis XV, abattu Napoléon, à force d' « égoïsme » implacable. Mais que dire de l'épilogue : du germanisme prussien qui, par la faute de l'Angleterre, est devenu en un siècle le plus grand péril de l'Histoire du monde ? Il y eut bien là quelque imprévoyance, ou quelque injustice.... que nous voulons oublier aujourd'hui. Du moins, soulignons encore une fois cette vérité, qu'à la puissance française, en fin de compte, était lié l'intérêt de la civilisation. Et constatons qu'avant même 1740 l'alliance de 1716 était pratiquement rompue par les Anglais..... parce qu'ils voulaient nos colonies et celles de l'Espagne. Nous ne provoquions plus : cette attaque n'était nullement indispensable à la sécurité de l'Angleterre, ni à sa vraie grandeur.

Ainsi, soutenant la Prusse et menacés par l'Angleterre, nous entrâmes en guerre contre Marie-Thérèse d'Autriche. Naturellement, Frédéric II se déroba dès qu'il eut la Silésie : tandis que les Anglais portaient la lutte dans les Pays-Bas. Mais Fontenoy leur fut une leçon (1745) : ils ne purent s'en remettre. Quand on traita en 1748, à Aix-la-Chapelle, nous étions maîtres de la situation. C'est alors que notre indolent monarque, en sa superbe, ne voulut pas avoir fait la guerre comme un « marchand ». Il renonça à toute annexion, à toute garantie : on s'était battu pour les Bourbons d'Espagne, nantis de nouveaux domaines italiens ; on avait travaillé surtout « pour le roi de Prusse »... Ainsi nos plus belles facultés d'action étaient trahies déjà par une défaillance du régime.

Si la Prusse venait de s'agrandir, la puissance autrichienne avait assez peu souffert, sauf en Italie, et à part la Silésie perdue. Marie-Thérèse conservait presque tous ses États, et son époux François de Lorraine était déjà élu empereur d'Allemagne. *Nous n'avions donc affaibli aucune des deux monarchies maîtresses du monde germanique.* Et, quand bien même nous eussions affaibli l'une, c'eût été désormais au profit de l'autre, dès l'instant que *nous ne gardions plus sur elles nos anciens moyens de limitation et de contrôle : une influence baltique ou polonaise, et la haute main sur les affaires rhénanes.* Notre politique continua, par saccades, à épuiser ses moyens d'action, sans parvenir à sauver la Pologne ; l'Allemagne, de plus en plus, fut perdue pour nous.

Mais, encore une fois, qu'on ne s'exagère point la rapidité de cette décadence. Nos alliances ne se firent pas toujours au rebours de nos intérêts ; la diplomatie de Louis XV donna çà et là des preuves d'intelligence et de souplesse. Dans l'ensemble, elle fut pourtant malheureuse : car elle ne sut pas prévoir avec hardiesse, ni vouloir. Elle n'eut guère que des intuitions au jour le jour, en un moment particulièrement grave, devant un horizon troublé de nouveaux éléments, qu'il eût fallu dominer de haut. En somme, elle porta la peine de n'être pas une assez « grande politique » à une grande époque. Or il y a là une question d'autorité, d'initiative, qui dépend moins de telle ou telle faute que d'un état intérieur. *C'est toujours à ce genre de causes qu'il faut en revenir, pour expliquer les calamités et les décadences : à une crise morale du régime politique et de la nation.*

Donc, à l'instant critique du règne de Louis XV, après la guerre de succession d'Autriche et avant la guerre de Sept ans, l'*erreur ne fut pas tant de prendre un mauvais parti, que de s'y mal prendre.* Pareille erreur, dont l'Histoire offre de douloureux exemples, a entravé de nos jours le succès d'entreprises excellentes, mais compromises par l'indécision..... Entre 1748 et 1756, *le Renversement des alliances*, qui parut être le grand fait diplomatique sous Louis XV, *fut un acte opportun, mais resta sans réelle efficacité.* Il était urgent d'arrêter les progrès de la Prusse, que la France avait si imprudemment soutenue : mais comment s'y prit-on ? de telle manière que nous n'en tirâmes aucun profit, et qu'au contraire la guerre se fit à nos dépens. A ce moment, l'Autriche avait besoin de nous : il eût été bon de nous servir d'elle habilement, sans la servir, puisque nos intérêts profonds restaient divergents. Or notre roi lui refusa son concours à l'heure où elle l'eût payé par la cession des Pays-Bas... et peu après il le donna gratis. Une machination de Frédéric II, l'alliance anglo-prussienne, obligea Louis XV, un peu tard, à ce qu'il aurait dû vouloir de lui-même et agencer à loisir. Il prenait enfin le parti convenable : il n'avait que le tort de s'être laissé distancer par un ennemi plus résolu. Ainsi s'évanouissent les bonnes occasions... Toute cette affaire, du reste, porte la marque d'une direction non point faussée, mais hésitante, débile, où manque la main d'un grand roi. Les alliances se font et se défont au milieu de véritables mouvements d'opinion, à la cour et ailleurs : *grave signe de décadence, quand les partis politiques s'emparent des questions extérieures, et, de ce qui est affaire de compétence, font matière à discussions publiques.* Le « renversement des alliances », assez raisonnable en lui-même, ne devait être qu'un acte d'utilité nationale : or voici que la haine ou l' « amitié » s'en mêlaient. L'Autriche eut un parti à la cour. Ce n'était pas le moyen de garder son sang-froid, comme ce luron de Frédéric II... Et quant à l'opinion publique, autour de Voltaire, elle faisait encore pis que les courtisans : elle réservait ses sympathies à la Prusse, ne fût-ce que par opposition au gouvernement. Voilà le gâchis politique de nos plus tristes époques de défaillance.

Les opérations de guerre, en Europe et au delà, attestèrent ce désordre, cet affaissement des volontés directrices et de notre activité nationale. Tout d'abord, un motif de sentiment acheva de passionner l'entourage du roi pour le conflit austro-prussien, alors que la prudence conseillait de ménager nos forces, en laissant les deux adversaires se fatiguer mutuellement. Frédéric ayant envahi la Saxe, la cour prit fait et cause pour Auguste III, dont la fille était Dauphine de France ; un intérêt dynastique se substituait à l'intérêt d'État : pour secourir l'électeur, on se lançait à fond dans la guerre d'Allemagne. Or l'imprudence était d'autant plus grave, qu'à la faveur de nos difficultés continentales l'Angleterre, alliée à la Prusse, allait nous dépouiller de nos colonies. Enfin, au cours de la campagne, les fautes dont nos chefs se rendirent coupables furent l'effet de la légèreté et de l'impéritie, plutôt que de malencontreux accidents. Au début, le Hanovre était conquis, une armée anglaise capitulait à Closterseven ; mais le duc de Richelieu négligea de la désarmer, elle se remit en campagne... et l'année suivante nos troupes évacuaient le Hanovre. C'est là un des nombreux méfaits d'une libérale insouciance qui de plus en plus sembla de mode dans nos armées. A Rossbach, Soubise se laissa tourner par Frédéric II ; et ce fut la plus grosse défaite (1757). On eût dit que nos généraux s'amusaient au « jeu de la guerre » : jeu de surprises, de rivalités et d'intrigues, à l'heure où l'esprit réaliste de Frédéric II faisait du métier militaire la plus sérieuse de ses fonctions d'État. Oubliait-on que *la Guerre est par nature la science des moyens violents pour atteindre le plus vite possible un but défini?* De Frédéric II à Bernhardi, la Prusse en a toujours eu pleine conscience. Par contre, de Louis XV à nos jours, la

France, dupe de son idéalisme, n'aurait-elle pas gardé de funestes illusions ? Pour réparer les fautes, ou se tirer d'embarras, il restait l'héroïsme, autant dire : l'inspiration. On y comptait trop ; on s'en remit aux merveilleux élans de l'âme française, qui, il est vrai, étonna plus d'une fois nos ennemis. Si le règne de Louis XIV s'était distingué par des actions militaires dûment concertées et hardies, où lui-même le courage du désespoir fut une force bien employée, la France, sous son successeur, ne put que semer de brillantes prouesses à travers le monde. Hélas ! la valeur individuelle ne suffisait plus à sauver nos entreprises... La guerre de succession d'Autriche avait débuté par un exploit : Prague prise d'assaut par le colonel Chevert (1741) ; mais bientôt Belle-Isle — magistralement d'ailleurs — devait battre en retraite, évacuer la Bohême. De même les années suivantes se marquèrent au moins par des faits d'armes : telle, la belle mort du chevalier d'Assas en 1760 ; et mieux même que des faits d'armes : la défense du Canada par Montcalm, la colonisation de l'Inde par le grand Dupleix, de 1741 à 1754, avec le breton Mahé de la Bourdonnais. Mais que faire contre l'apathie du gouvernement ? Que faire aussi contre l'aveuglement de l'opinion française, contre la malveillance de Voltaire, qui n'avait pas assez de mépris pour une « guerre de marchands » ? Préférait-il donc laisser à d'autres l'avantage inestimable d'établir là-bas une autorité qui revenait à notre civilisation ? L'Histoire oubliera difficilement cette *véritable défection de nos intellectuels d'alors. Les préoccupations de politique intérieure, la critique du régime, leur masquaient l'aspect réel des affaires étrangères. Ils badinaient avec l'intérêt du pays. Ils n'y comprenaient rien.* La France a payé assez cher ce genre d'erreurs, que la grande guerre de 1914 devrait dissiper à jamais. A l'heure où apparaît si bien l'utilité des débouchés lointains, du libre trafic sur les mers, et où l'Asie, comme le Nouveau-Monde, a une telle importance militaire pour les belligérants d'Europe, on peut voir qu'il convenait de prendre de bonnes garanties pour notre sauvegarde européenne, jusque chez les « vertueux sauvages » de l'imagination de Rousseau. Il n'en fut rien. Nous perdîmes l'Inde après le Canada (Traité de Paris, 1763).

Nous n'étions pas plus heureux sur le continent, puisque la paix confirmait à Frédéric II la possession de la Silésie, et consacrait encore une fois l'autorité récente de la Prusse. Donc celle-ci y trouvait son avantage : ses sacrifices n'avaient pas été vains. Mais l'Autriche elle-même, son adversaire d'occasion, sortait peu amoindrie de la lutte. La jeune rivale qui lui faisait obstacle en Allemagne l'incitait plutôt à chercher des compensations dans une « grande politique » orientale. De la sorte, par le fait même du conflit austro-prussien où nous avions gaspillé nos forces, *les deux puissances germaniques, ne se détruisant pas, allaient grandir chacune de son côté... et trouver bientôt un terrain de partage : ce fut la Pologne.*

Notre diplomatie, assurément, ne resta pas inactive en ce dénouement qui atteignait la France. Bien mieux, elle ne s'orienta pas directement contre nos intérêts ; et, sans jamais dominer la situation, elle entrevit vaguement le sens du parti à prendre. Et ceci s'explique. Les nations les plus déréglées, les plus insouciantes, ont encore assez d'instinct pour ne plus se tromper sur le danger quand il est là. Devant la menace immédiate, les yeux se dessillent : il n'est de tel que l'épreuve pour rendre en un clin d'œil le bon sens aboli. Ainsi des éclairs de raison semblent traverser les convulsions des États, comme des organismes, lorsqu'ils sentent enfin le péril de mort. C'est l'instant des résolutions suprêmes, parfois tardives : l'instant où la République de Pologne, avilie par les dissensions, a un sursaut d'orgueil et fait « l'union sacrée » contre la mainmise étrangère ; l'instant aussi où la France de 1914, surprise par l'agression du Germanisme, se réveille face à l'ennemi...

A la fin du règne de Louis XV, le danger, fort éloigné pour l'heure, apparaissait à peine à l'Orient. Mais nous étions trop bien mêlés à la vie européenne, trop renseignés sur ses intrigues, pour que la cour pût se dérober à la leçon des événements. De là, malgré le déclin de la puissance française, un reste de clairvoyance indécise, et quelques faibles essais de parer les coups. En 1756, le « renversement des alliances » avait été une de ces réactions, l'alliance Autrichienne remplaçant celle de la Prusse. Nous avons vu dans quelle erreur d'exécution l'on s'était égaré : *la France s'affaiblissait au profit d'une Autriche nullement abattue, mais rejetée par la Prusse vers l'Orient;* la suite le fit bien voir. L'opinion publique, d'ailleurs, ne s'égara pas moins en considérant ce revirement comme un acte de trahison nationale, et en gardant ses sympathies à Frédéric II... Car c'est précisément Frédéric qui allait engager l'Autriche dans l'affaire polonaise, pour la ruine de notre influence. En 1771, à la veille du partage de la Pologne, notre ministre Choiseul envoya enfin aux « patriotes » de Varsovie une mission militaire, avec Dumouriez. Choiseul eut ainsi, parfois, l'intuition de ce qu'il fallait faire — sauf aux colonies : mais pour l'exécution, il comptait trop sur les expédients, ou sur les beaux gestes de la dernière heure. L'envoi du contingent nous fit honneur, de même que l'entrée en guerre de la Turquie par nos soins : mais les Russes eurent raison des Turcs comme des Polonais. Ils profitèrent même de la décadence ottomane pour triompher sur mer avec une flotte médiocre, et pousser leur armée jusque dans les provinces roumaines. La diversion de Choiseul, ingénieuse en principe, aboutissait à un immense succès russe : faute d'une juste appréciation des forces. Et pourtant Vergennes, notre ambassadeur à Constantinople, avait bien prévenu Versailles... Le plus grave était la perte de la Pologne : perte irrémédiable pour la France elle-même. Car aussitôt les Allemands s'y installèrent, à côté des Russes. L'opération fut d'une logique cruelle. Elle s'imposa par la volonté de Frédéric II, et par la force des choses, à l'Autriche qui n'avait plus d'autre parti à prendre. Marie-Thérèse, d'abord décontenancée, fit trêve de « jérémiades », et apaisa ses remords en prenant la plus grosse part (1772). Le premier acte du crime était joué ; et les deux rivaux germaniques se retrouvaient tout gaillards, presque amis, avec un « cadavre » entre eux.

Que restait-il de la guerre de Sept ans, et de notre « Renversement d'alliances » ? Qu'avait perdu la Prusse, et à quoi nous servait l'Autriche ? L'une et l'autre se redressaient, presque d'égale force, et de taille à se passer de nous. Elles instituaient à l'Est un condominium germanique et russe, grâce à la tsarine allemande Catherine II. C'en était fait, pour quelque temps, de notre œuvre orientale : puisqu'au même moment l'Autriche et la Russie préparaient un partage de la succession turque (traité de Kaïnardji, 1774). Nous n'étions plus qu'une puissance occidentale ; tandis que nos « amis » de Vienne avaient vue sur l'Europe par les deux façades de leur empire [1].

Au reste, notre déchéance s'accomplissait sous les dehors d'une entente rétablie avec presque tout le monde, et d'une alliance de famille avec les Habsbourg : le futur Louis XVI ayant épousé l'archiduchesse Marie-Antoinette. Donc, tout se passait en douceur, comme il convenait au roi, à la cour, et aux mœurs de la société française. « Après moi le déluge », concluait Louis XV, comme pour s'interdire de penser à la catastrophe : c'est l'argument tacite de tous les grands responsables à la conscience légère. Or nos philosophes avaient-ils fait mieux ? Ils semblaient avoir pour devise : pas d'embarras extérieurs, pas d'initiatives ; ou — comme on dirait aujourd'hui — « pas d'affaires » ! Voltaire n'en voulut pas contre Frédéric II, son « roi philosophe » : il n'en voulut pas dans l'Inde, ni pour quelques « arpents de neige » au Canada. Comme résultat, à part la Lorraine heureusement acquise au début du règne, puis la Corse, nous changions peu nos frontières ; et nous y restions impuis-

1. Nous les aidâmes en 1779 à tenir tête aux Prussiens dans l'Allemagne du sud (Traité de Teschen).

sants, entourés bientôt d'une Europe germanisée, et de mers où régnait la marine anglaise. En un mot : perte d'influence et de débouchés ; diminution de prestige et de richesses. Rarement époque a connu pareil effondrement d'une autorité.

CHAPITRE IV

LA RÉVOLUTION ET L'EMPIRE
L'ÉPOPÉE SUPRÊME

En vérité, une révolution de l'équilibre européen avait précédé la Révolution politique de l'État français, et elle était due à la même cause : la décadence morale de notre régime. C'est la France qui jusque-là, par son organisation, par les ressources de son esprit, avait soutenu l'équilibre du vieux monde : divisant l'Allemagne, repoussant l'Autriche, prenant les devants sur les Moscovites, tenant en réserve ses diversions suédoise, polonaise et turque, bref, étendant sa haute surveillance sur les réserves barbares de l'Est européen. Cette magistrature supposait une vigoureuse maîtrise de soi-même : c'est à quoi servit la discipline classique du grand siècle, dans la pensée comme dans l'action : souci de la « tenue », des « règles » pour les œuvres de l'esprit, de « l'étiquette » à la cour de Versailles, de la méthode dans le « métier de roi ». Ainsi la France, civilisée avant ses voisins par un concours prodigieux d'énergie et de génie, offusqua l'Europe mais la contint et l'éblouit, sous le rayonnement du « roi soleil »... La splendeur n'eut qu'un temps. La pression des rancunes, et aussi quelques excès d'arbitraire, avaient forcé certains rouages du régime, les finances. Tel autre rouage, l'enseignement national, qui eût édifié le moral, soutenu la conviction, manquait encore. Aussi, dès que l'autorité centrale se mit à déchoir, le désordre financier et la défection des intellectuels, nécessairement, conduisirent la France à la catastrophe de 1789, à travers le règne de Louis XV. Or les mêmes causes avaient amené déjà la ruine de notre œuvre extérieure.

Il ne semble pas que les historiens l'aient toujours bien compris. En tous cas, ils avouent difficilement que le « pacifisme » de nos philosophes, dès la fin de l'ancien régime et le début de la Révolution, était une déchéance. Ils préfèrent donner raison à Vergennes, ministre des Affaires étrangères sous Louis XVI, quand il déclarait que la France « devait craindre les agrandissements bien plus que les ambitionner ». Il plaît à ces historiens de montrer la nation française indûment menacée par l'Europe, après que nos philosophes « avaient tant fait pour la paix du monde » : *Comme si l'anarchie du pays, et cette « vertueuse » horreur pour les moyens de la force, n'étaient pas déjà les plus grandes imprudences, invitant nos voisins à ne plus nous respecter!* L'opinion étrangère suivait d'année en année la décomposition du régime, pendant que nos penseurs se rassuraient sur notre sécurité européenne, croyant ne provoquer personne par une politique extérieure de béate complaisance. Pareils errements ont précédé, de nos jours, le « cataclysme » de 1914 : ils en ont été les signes avant-coureurs les plus certains... La crise intérieure dont sortit la Révolution surprit assez peu les autres États, et les inquiéta encore moins. *La première intention fut de nous laisser faire chez nous du désordre, pour mieux profiter ensuite de notre impuissance.* Au dire de l'ambassadeur d'Autriche, la France, « occupée pour longtemps de son intérieur, resterait pendant un laps de temps nulle dans les affaires majeures de l'Europe ». On comparait la « jacobinière » de Paris à celle de Pologne, et l'on s'en promettait également de bons avantages.

Toutefois, le sérieux de nos réformateurs, leurs gestes résolus, changèrent un peu cette opinion. Leur désir général d'un régime régulier, après les abus et les scandales, fit impression au dehors. *Les Allemands observèrent avec surprise ces « néo-Francs », qui, par des moyens de décadence, régénéraient l'énergie française.* Ils s'étonnèrent de la vitalité, de la souplesse d'un peuple qui, en rébellion avec l'autorité, songeait à rétablir la justice et à édicter des lois « pour le genre humain ». Ils ne revenaient pas de leur surprise. Les Rhénans surtout, repris par la séduction des talents de nos pères, admirèrent la France nouvelle, comme ils avaient envié celle de Louis XIV. *Dans l'étonnement, le prestige renaissait auprès des populations voisines. Par là même, la Révolution française devint un péril pour les souverains d'Allemagne.* Ils ne se pressèrent pas d'intervenir, malgré les sollicitations de Louis XVI, et de nos émigrés à Coblence (1791). Mais dès l'année précédente ils s'étaient concertés, en vue de se partager les bénéfices de l'opération éventuelle. La France, en effet, apparaissait à Frédéric-Guillaume et à Léopold comme une seconde Pologne, déjà plus dangereuse, il est vrai. La déclaration de Pilnitz, en août 1791, fut le premier acte d'hostilité.

En cette période, le réveil de l'énergie française est

indéniable. Sans doute les Girondins se résolurent d'abord à la guerre par haine politique de la réactionnaire Autriche, ou de « l'Autrichienne », épouse de Louis XVI. Mais la menace étrangère apparut bientôt avec plus d'ampleur, quand Brunswick eut lancé son manifeste, le 11 juillet 1792. Ce que les démocrates de la Législative n'avaient pas su prévoir — l'entrée en ligne de leurs chers Prussiens — déclancha un beau mouvement de vigueur : l'esprit national se ressaisissait. *Il faut en savoir gré aux hommes de la Révolution, plus qu'à leurs idées ;* aux ressources du tempérament français, plus qu'à des principes qui commençaient par recevoir un si net démenti. Ce n'est pas la leçon de nos « philosophes » — les maîtres de l'époque — qui nous a armés contre nos ennemis, puisqu'elle tendait plutôt à désarmer notre puissance. Mais *les forces vives de la nation ont emporté tous les scrupules de théorie, et ont remis la France sur la voie de sa grandeur — quelle que fût à l'intérieur la sanglante tragédie où s'épuisait la Révolution.* L'intérêt de défense chassait l'utopie pacifiste des éducateurs du siècle : *le régime idéal de « paix perpétuelle » se tranformait de nouveau en régime de force armée.* Encore une fois, on peut rendre grâces à nos réserves de bon sens, à la robuste santé du peuple français.

C'était en effet le salut ; mais par des moyens un peu sommaires et plutôt rudes : on n'est pas Révolutionnaire en vain. Il y avait quelque chose de changé, ou d'interrompu : la continuité de notre action extérieure ; ce n'est pas impunément qu'on prétend rompre avec le passé. Il fallut improviser. On commit des imprudences, on en fit même de propos délibéré. A défaut des anciennes manières diplomatiques, on afficha une autre méthode. Fini, le temps des subtiles intrigues ou des pompeuses ambassades, du faste et des grâces. Désormais, on causait « entre peuples ». On s'adressait aux voisins de la France à haute et intelligible voix : on clamait ses volontés, son amitié pour « le genre humain », et son mépris pour les « tyrans ». En résumé, tout se passa comme en démocratie. A ce compte, les Etats furent vite renseignés sur nos intentions : première imprudence ; et l'on accusait pourtant la politique de nos rois d'avoir provoqué l'Europe !... Les Conventionnels, eux, se donnèrent cette excuse, qu'ils agissaient par principe. C'est bien ce qui souleva contre nous les méfiances et les passions. En même temps, les excès du jacobinisme, l'exécution du roi (21 janvier 93), la Terreur (93-94), allaient discréditer un peu partout la politique de la Révolution. Outre les monarques allemands, déjà en guerre contre nous, la « prude » Angleterre, scandalisée de nos « libertés » exubérantes, et inquiète de l'Expansion révolutionnaire, prit aussi les armes. Nous vîmes même se refroidir le zèle amical des Rhénans, choqués de quelques familiarités cavalières : il faudra ensuite toute la fermeté d'une bonne administration pour les rallier à l'autorité française. Un seul souverain, à l'origine, avait paru aux Constituants l'ami tout désigné d'une France libérale, contre la maison d'Autriche : or, c'était le roi de Prusse. On sait comment le manifeste de Brunswick fit un coup de théâtre dans ce petit monde plein d'illusions. Mais ce serait mal connaître nos idéologues d'alors, que de les croire revenus pour si peu à la raison... En somme, *la politique extérieure de la Révolution ne débu-*

tait point par des merveilles d'habileté et de prévoyance. Et pourtant, elle devint une grande politique : à cause du danger, du réveil d'énergie, et aussi, à son insu, en profitant de quelques-unes de nos traditions.

Les deux généraux, Dumouriez et Kellermann, qui sauvèrent à Valmy la France et la Révolution, après les paniques du début dans le Nord, étaient des officiers de l'ancien régime. Quelle que fût, en effet, la part de l'enthousiasme dans l'assaut final, il ne faudrait pas oublier que le sang-froid de Kellermann, sa manœuvre, son entrain, réparant un premier désarroi en cette journée même, assurèrent les conditions matérielles et morales du succès (20 septembre 92). Au reste, les Prussiens de Brunswick, comme on sait, eurent plus de peur que de mal. Leur retraite, du moins, enhardit nos jeunes troupes ; et, avant la fin de l'année, elles culbutaient les Autrichiens à Jemmapes (6 novembre).

D'autre part, si le roi de Prusse se rebuta si vite, ce ne fut pas sans autre motif que la « canonnade » de Valmy. L'affaire polonaise, le crime inachevé où Catherine II se préparait de nouvelles dépouilles, préoccupait ses complices jaloux et anxieux. Frédéric-Guillaume II craignit de perdre la proie pour l'ombre : il se retourna vers l'est, et réalisa en mars 1793 un second partage. Ainsi, cette malheureuse Pologne, que nous avions soutenue si longtemps, nous rendit service, à son tour, indirectement. Plusieurs fois, elle retint l'activité des souverains allemands, nos ennemis : diversion précieuse, pendant que la tourmente révolutionnaire attirait sur nous deux invasions (août 92 et juillet 93).

Donc, la France, aidée par ses admirables ressources d'énergie, et par l'état de l'Europe, avait soudain paré à la catastrophe, que sa politique rendait imminente. D'un côté, le bel élan pour la « Patrie en danger » fut soutenu à point par des gens de métier, généraux et soldats : les volontaires de 92 et les « réquisitionnés » de 93 trouvèrent autour d'eux les éléments expérimentés de ce valeureux organisme qu'était déjà l'ancienne armée française ; les habits blancs encadrèrent les habits bleus : ce fut l' « Amalgame ». Et d'autre part, si la France se tira d'affaire par la vivacité de ses mouvements, par une réadaptation de fortune, ce résultat n'est pas moins dû à la lenteur de ses ennemis, à la surprise, à l'incompréhension de l'Europe. Retenons ce *double aspect du problème révolutionnaire* : car *toutes nos crises intérieures*, depuis lors, *ont eu sur nous et sur nos voisins ces deux effets différents : ici, confiance un peu étourdie en nos ressources d'inspiration et de talent ; et chez eux, stupéfaction.* On a vu que les souverains, tout d'abord, méconnurent l'énergie française ; la prise de la Bastille ne leur parut point un symbole ; sur la foi de nos émigrés, ils nous crurent en complète décadence ; de là, leur retard à nous attaquer. Notre succès de Valmy, au lieu d'une déroute des « sans-culottes », révéla à nos adversaires la force permanente de nos armes : ils en conçurent de la crainte et un commencement de respect. Ils ne nous comprirent pas davantage. Le brio leur en imposa, et plus tard notre administration méthodique allait inculquer aux annexés des sentiments durables, parfois une réelle reconnaissance. Quant aux idées, la « Philosophie » de 89 séduisit de loin ; mais peu après l'occupation de Mayence, l'imprudence des démagogues offusqua d'abord le public rhénan. Gœthe, en bon Allemand, se ravisa après Valmy, qui lui avait donné une si convaincante émotion. A la réflexion, il pensa un peu comme les bourgeois d' « Hermann et Dorothée ». Peut-être même n'avait-il jamais pensé autrement... Il en fut souvent ainsi, pendant cette période de fièvre humanitaire : nos orateurs, députés et généraux, s'adressaient aux autres peuples au nom d'un « Idéal humain » que ceux-ci avaient quelque peine à trouver en eux-mêmes. *Le malentendu s'aggrava par l'effet d'une fâcheuse tendance, que l'on eut chez nous, à prendre ses paroles pour des réalités* : généreux optimisme qui a ménagé des déceptions cruelles. Déjà avant 89, la propagande pacifique de nos « philosophes » n'avait pas empêché leurs « amis » Frédéric et Catherine II d'étouffer la Pologne. Du reste, le « roi-philosophe » de Berlin, d'accord avec ses théologiens et intellectuels, entendait distinguer entre l'idéal — simple luxe de la pensée — et les réalités de la politique : état d'esprit que nos premiers Révolutionnaires, fidèles à la Prusse « libérale », s'obstinaient à ne pas voir. Or, depuis la Déclaration des Droits de l'homme, l'illusion idéaliste avait pris les proportions d'un système international : on juge de l'étonnement de nos voisins. Plus la Convention poussa à l'extrême la logique des « immortels principes », moins elle se fit comprendre de l'Allemagne. Ce que Valmy nous avait gagné dans l'opinion européenne, la République le perdit bientôt. L'exécution de Louis XVI (janvier 93), et la Terreur, gâtèrent tout vis-à-vis de l'étranger. Si l'on nous avait d'abord traités en enfants terribles de l'Europe, cette fois on s'effraya pour tout de bon. On trouva que ces excès de « Raison » tournaient à la déraison. Une coalition se forma : nous allions au-devant d'un conflit. *Ainsi le mirage révolutionnaire, et la surprise du début, chez nos voisins, se terminaient par une rupture, qui mettait à nu la divergence profonde de notre politique avec le monde extérieur.*

En résumé, les éléments de faiblesse et les causes de salut se succèdent ou se balancent avec une netteté vigoureuse, au cours de cette époque troublée. Sur la physionomie mobile qu'eut la France de la Révolution, on lit le jeu des impressions changeantes ; on y discerne les mouvements d'opinion. Les grands faits qui dominent expriment l'hésitation incessante, et même l'opposition, entre la « logique » révolutionnaire et les nécessités de l'action extérieure. Dans une première période, celle de l'enthousiasme par excellence, on veut refaire une réalité avec l'idéal des philosophes : Constitution de 1791, déclaration des Droits de l'Homme, promesse de « paix à l'Europe ». Le résultat est une première invasion. Les yeux se dessillent, voient la Patrie en danger, et la journée de Valmy nous sauve... Mais la Révolution s'obstine, pousse sa logique à l'extrême, sombre dans les affres de la Terreur : seconde période, celle du sang versé. Elle a pour contre-partie naturelle une seconde invasion. *Or, si les illusions de 91, en compromettant la sécurité de nos frontières, avaient rendu nécessaire le sursaut de Valmy, de même la France ensanglantée de 93, obligée de se ressaisir devant l'Europe entière, revint à la « grande politique » des aïeux.*

Nous avons dit quel concours de circonstances aida à

la belle réplique des « sans-culottes » de 1792 : survivance de nos traditions militaires, et désarroi d'un ennemi déjà fort embarrassé. La coalition de 1793 présentait un tout autre danger. Comme de grandes fautes l'avaient provoquée, il fallut y répondre par de grands moyens. *Alors, sous la pression des difficultés extérieures qu'elle s'était attirées, la Révolution française évolua nettement : elle s'adapta à l'Europe réelle, qu'elle n'avait guère aperçue qu'à travers un rêve.* Mais cette réaction d'énergie, de bon sens, justement parce qu'elle supposait une adaptation nouvelle, ne se traduisit point par un revirement brusque, par un retour au passé. Trop de choses étaient changées en France : d'abord l'état des esprits, par suite des fautes de Louis XV, et de la longue propagande des philosophes. On ne voulait pas d'une Restauration : il faudra que la répulsion causée par les crimes de la Terreur devienne bien vive, pour que les royalistes retrouvent momentanément une influence à la chute de Robespierre, en Thermidor. Devant l'invasion de 1793, on ne rompt pas encore avec les principes, du moins en politique intérieure : on prétend achever la Révolution : toutefois, sous prétexte de consolider l'œuvre chancelante, on la modifie. Les « immortels principes » vont subir une première entorse, de la main de leurs plus farouches avocats. La Constitution de 93, légitimant le « droit d'insurrection » comme un attribut de la liberté, n'était pas un régime opportun en temps de péril national : ses propres auteurs s'en aperçurent. La République idéale apparut impraticable comme système de gouvernement, en face de l'ennemi. Elle était mort-née. Les intransigeants furent les plus prompts à la sacrifier, avec un esprit de décision qui fait honneur à leur sens politique. Et, du même geste énergique qui supprimait l'anarchie légale, ils instituèrent une illégale dictature : *dangereux expédient auquel recourent les Révolutions sur le point de se détruire elles-mêmes. En attendant la dictature de Bonaparte, on eut celle du Comité de Salut public.*

On a tout dit sur l'abus de la guillotine, sur les procédés de justice sommaire qui ne furent souvent que d'odieux simulacres. Il fallait une autorité ; on s'en était aperçu un peu tard, et maintenant on y suppléait par les moyens d'une discipline expéditive. Tant pis pour les innocents et les timides ! La Révolution faisait payer un peu cher à ses adeptes leurs illusions de naguère... Du moins, cette sorte de loi martiale pour les civils et les militaires — y compris les généraux — tint les ressources du pays dans quelques mains fermes, même brutales : elle assura l'unité de direction. Le gouvernement — le premier digne de ce nom depuis longtemps — s'inspira d'un fiévreux mélange d'idéologie et d'esprit pratique. On mêla avec emphase républicanisme et patriotisme, on confondit dans une même haine les suspects et les traîtres. « Les têtes tombaient comme des ardoises », les meneurs se dénonçaient entre eux, les Représentants aux armées punissaient l'insuccès, envoyaient à la guillotine : de sorte qu'à force de changer les chefs on « découvrit » des soldats de fortune qui, avec du coup d'œil, devinrent très jeunes de bons généraux. Il est vrai qu'en ce temps l' « art » de la guerre était moins « scientifique » qu'en 1914...

Le résultat ne se fit pas attendre : la France, envahie

sur toutes ses frontières, fut délivrée brillamment. A Wattignies (15 et 16 octobre 93), Jourdan eut du mérite à repousser les Autrichiens de Cobourg. Hoche dégagea l'Alsace. Kléber et Marceau écrasèrent l'insurrection vendéenne. L'élan des troupes, le moral, n'était pas la seule cause des succès : on y sentait déjà une réorganisation. Lazare Carnot, nommé justement « l'organisateur de la Victoire », avait payé de sa personne à Wattignies ; Lebas, Merlin de Thionville, et bien d'autres, surveillèrent ailleurs la discipline et les opérations. De plus, on avait besoin du concours technique des savants. Sans doute, l'improvisation révolutionnaire ne suffit pas à conférer l'omniscience ; mais les inventeurs furent réquisitionnés. Il y en avait déjà, par bonheur. La Convention eut l'avantage de trouver à sa disposition les ressources intellectuelles accumulées par l'ancienne France, notamment une pléiade de chimistes dont elle fit froidement guillotiner le plus éminent, Lavoisier..... Ainsi, mêlant le bien et le mal, on agissait avec audace. A l'appel des volontaires de 92 avait succédé la levée en masse : mesure radicale, qui inaugurait une ère de luttes sanglantes et de lourdes charges militaires. Il fallait bien faire face à la situation critique où s'était aventurée la Révolution... La France relevait sa puissance : dans quelles conditions hâtives, pour quel devoir écrasant, face à l'Europe entière !

Nous rénovions aussi notre « grande politique » : mais, ici encore, avec une ardeur combative, avec une précipitation, qui n'avait d'égale que l'imprudence première en sens opposé, le pacifisme fatal de 89. « Pas de conquêtes », avait déclaré l'Assemblée législative. Elle s'aveuglait singulièrement sur les éventualités de la vie internationale. Elle ne se trompait pas moins sur elle-même, sur son besoin d'évangéliser et de conquérir. A peine Dumouriez nous eut-il donné la Belgique, que la Convention, d'un geste large, promit « secours et fraternité à tous les peuples » qui voudraient « recouvrer leur liberté ». Que fut, en réalité, ce « libéralisme » ? Les Belges ne tardèrent pas à s'en apercevoir. Comment nos Révolutionnaires, une fois vainqueurs, eussent-ils procédé à l'extérieur autrement qu'à l'intérieur ? Comment n'auraient-ils pas « révolutionné » partout ? Avec un régime de guerre intestine, le pacifisme ne pouvait être qu'une illusion de vaincus. Ils s'en étaient bercés étourdiment. Mais dès la première victoire, le prosélytisme des Conventionnels franchit les frontières à la suite de leurs armées. *Et ce furent l'idéal et les moyens de la Révolution que la première République proposa un peu rudement à l'Europe.* L'attitude fut un peu cavalière, pour des gens qui avaient flétri les procédés agressifs de l'ancien régime. En Allemagne par exemple, là où Louis XIV lui-même, ce monarque absolu, s'était contenté d'une raisonnable politique d'influence, ou de division, la Convention installa militairement son pouvoir. Le zèle envahissant des « commissaires » républicains compromit plus la sécurité de la France que ne l'avaient jamais fait les intrigues traditionnelles, servies par une diplomatie expérimentée. Si la Savoie, la Belgique autrichienne, les villes rhénanes, accueillirent d'abord avec allégresse leurs « libérateurs », les froissements et les rancunes ne tardèrent pas à se multiplier. La première occupation ne s'accomplit point avec une parfaite habileté : l'intransigeance aveugle, la dictature politique et religieuse sur des populations étrangères, firent perdre à la France le bénéfice moral de ses conquêtes. *Au lieu de se concilier le particularisme local par d'habiles mesures* — comme l'ont compris eux-mêmes, de nos jours, les plus perfides conquérants, — *on crut convertir les peuples à coups de décrets, par la vertu des principes*. Le résultat fut désastreux. Les Belges catholiques, invités rudement à se laisser gouverner par les sans-culottes, trouvèrent un peu paradoxale la « Liberté » qu'on leur imposait. De même les Rhénans ne furent pas tous fâchés du départ des troupes de Custine : évacuation forcée, en juillet 1793... *Mais* l'intelligence française ne resta pas sans tirer parti de ce premier mécompte, qui avait été une leçon : *la Révolution évoluait, des principes vers les réalités.* Déjà, *la politique des « frontières naturelles », chère à nos rois, avait un regain de faveur* ; et ce n'était qu'un début, tant il est vrai que la nécessité de se défendre oblige à se ménager des moyens d'attaque, une influence préventive, et même des diversions lointaines : tout l'appareil d'une « *grande politique* ». *Seulement, on y revenait un peu tard*, après avoir mis l'Europe contre soi. L'énergie, par bonheur, fit moins défaut que la clairvoyance : *la République accepta la lutte avec un beau courage ; et du reste l'expérience modifia bien des idées, jusqu'à changer le régime lui-même.*

Les guerres de la Révolution contre l'Europe proviennent donc de cette contradiction : *sur une politique d'imprudence, il fallut rebâtir une politique de sûreté nationale.* Le Comité de Salut public y procéda d'abord sommairement. Et telle était la vitalité française, que la Terreur elle-même, au lieu de nous décourager, nous arma pour faire face aux premiers besoins de la situation. Celle-ci était d'une exceptionnelle gravité : l'ampleur du péril correspondait aux fautes commises. Nous avions contre nous non seulement les souverains, effrayés par l'exécution de Louis XVI et par les menaces de nos orateurs, mais même un État plus libéral comme l'Angleterre, scandalisée par tant de violences ; et enfin, dans certains pays limitrophes, l'opinion publique des populations « libérées » par nous. De plus, ce brusque retour du pacifisme à l'esprit de conquête, sans transition, avait ému tous nos voisins. L'Angleterre, nous voyant maîtres des bouches de l'Escaut, s'était alarmée ; et Pitt parlait d' « exterminer » la Révolution. La Prusse et l'Autriche se flattèrent de l'y aider. Bien entendu, on entendait profiter de nos provocations pour nous traiter comme la Pologne, sous prétexte de « rétablir l'ordre » : les intentions de l'Europe n'étaient pas plus pures que celles de nos ambitieux Républicains. Nos inquiétants apôtres de la Liberté trouvaient en face d'eux d'aussi inquiétants « protecteurs » de peuples. Somme toute, la Belgique pouvait encore préférer la France : ce qu'elle fit, du reste, à la réflexion. Et les Allemands de la rive gauche du Rhin, également reconquise après Wattignies et le Geisberg, pensèrent bientôt de même... Jourdan, vainqueur des Autrichiens à Fleurus (juin 1794), occupa Cologne et Coblence. D'ailleurs, François II avait d'autres soucis à l'Est ; et Frédéric-Guillaume II, comme après Valmy, se détourna de nos frontières, un peu déconcerté, pour arracher à la Russie un troisième lambeau de Pologne. La première coalition était brisée : *la Révolution fran-*

çaise avait repris l'offensive. La Prusse nous abandonna la rive gauche du Rhin — y compris son territoire de Clèves (traité de Bâle, avril 1795). Des ennemis secondaires, effrayés maintenant, traitèrent aussi : l'Espagne, qui nous laissa Saint-Domingue ; la Hollande envahie, qui céda des provinces à la Belgique : or celle-ci était réunie à la France. *Le résultat diplomatique couronna le succès militaire* : Espagne et Hollande devenaient nos alliées contre les Anglais. Enfin l'Autriche à son tour, vaincue par Hoche en Allemagne, par Bonaparte en Italie, se résigna (Traité de Campo-Formio, octobre 1797). *La Révolution faisait reconnaître, par la force des armes, les garanties exigées par la puissance française.* L'ère du pacifisme était close. On renouait avec la tradition, dans la victoire.

En effet la politique révolutionnaire a changé d'aspect. A l'intérieur même, la dictature sanglante de la Terreur, cette crispation devant le suprême danger, avait pris fin depuis juillet 1794. Elle ne pouvait durer, les dictateurs se guillotinant entre eux. La suppression de Robespierre amena l'inévitable réaction. Mais la République, toujours déchirée par les partis, ne put aboutir à un gouvernement stable. Elle se rendait impuissante, et se discréditait par des luttes intestines. Le Directoire, dernier legs de la Convention, avait du mal à se maintenir, entre la sédition jacobine et les complots royalistes (octobre 95-novembre 99). Des coups d'État partiels, en Fructidor et en Floréal, n'eurent qu'une efficacité provisoire : le régime était corrompu : la France en avait assez. De plus en plus, la Révolution préparait les voies à une nouvelle dictature — non plus d'un comité mais d'un homme. Cet homme ne pouvait être qu'un général victorieux. Le génie de Bonaparte lui fit entrevoir cet instant propice : rayonnant de gloire, il revint d'Égypte. Trois semaines après, il balayait le régime, ou du moins le Parlement. Et la France applaudit.

Vis-à-vis de l'étranger, l'Expansion révolutionnaire n'avait pas moins profité de l'expérience acquise : en prévision de nouvelles coalitions, elle tendit à devenir un moyen de garantie pour la nation, tout autant que pour le régime. Nous retrouvions une diplomatie. L'idéal républicain lui-même finit par servir surtout d'argument ou de prétexte pour l'œuvre extérieure : la France se mit à « républicaniser » autour d'elle. D'abord, les patriotes clairvoyants triomphèrent de la résistance des idéologues-pacifistes et prussophiles de naguère. Les illusions avaient coûté bien du sang ; on ne voulut pas que le sacrifice demeurât vain. La force avait sauvé la « Liberté » : maintenant il fallait, par la force encore, assurer à cette Liberté de bonnes frontières. On commença par se prémunir à l'est. Après de longs débats, on s'était décidé à annexer la rive gauche du Rhin : quelle atteinte aux « purs principes », quelle réaction ! Le pays conquis, constitué en départements, fut placé sous l'administration de nos préfets : elle réussit mieux que l'occupation provisoire de 92, grâce à la fermeté, à la régularité du régime ; les populations allemandes apprécièrent des maîtres qui organisaient si bien. Mais ce n'était pas le seul résultat des traités de Bâle et de Campo-Formio. Ils nous procuraient d'autres garanties, ils étendaient notre influence au delà des annexions immédiates. Aussi a-t-il pu sembler que la France exagérât ses précautions, jusqu'à se rendre agressive. C'est un reproche que l'on avait déjà fait à la grande politique de nos rois : et il faut reconnaître que celle-ci n'était pas seulement reprise par ses véhéments adversaires, mais dépassée soudain. Pourtant le reproche, ici même, est injuste, si l'on tient compte des nécessités de l'époque. Des obligations nouvelles s'imposaient à la France de 1795. Les temps évoluent et les problèmes politiques se posent différemment. On doit se le dire pour bien juger l'œuvre extérieure de la Révolution et de l'Empire. Au temps des « Allemagnes » de naguère, nous pouvions nous contenter, en opportunistes, d'une diplomatie d'intrigues et de bonnes occasions, selon la formule remarquable : « tenir sous main les affaires d'Allemagne en aussi grande difficulté qu'il se pourra ». Or cette devise machiavélique n'avait que la valeur d'un moyen de fortune, que l'on ne pouvait indéfiniment substituer à une solution. Tout nécessitait un règlement rapide des questions allemandes. En effet, combien de causes avaient accru le péril, depuis le XVIe siècle jusqu'en 1789 : les progrès du Luthéranisme comme religion d'État, les profits du traité de Westphalie lui-même pour nos futurs ennemis, le développement de la Prusse sous Frédéric II, enfin l'exaltation d'une littérature anti-française avec Lessing et Klopstock ! Mais on sait dans quel insouciant optimisme avaient vécu le gouvernement de Louis XV et nos plus spirituels philosophes... Nous avions attendu trop longtemps ; le provisoire n'était plus de saison. Il fallait apporter au problème germanique l'unique solution qui fût digne de nous : une civilisation française des Allemagnes, sous notre contrôle, et avec des garanties pour notre puissance, afin d'enrayer, s'il en était encore temps, l'œuvre de « Culture » prussienne.

En résumé, si la Révolution changeait la France depuis 89, déjà les guerres et les annexions durant tout le XVIIIe siècle avaient mis l'Europe dans des conditions nouvelles : et même la fermentation des idées, en Allemagne comme chez nous, préparait des événements graves. Sans voir si loin, les hommes de la Révolution sentirent la nécessité de mesures extraordinaires contre la menace mystérieuse de cette Europe centrale et orientale, où un bloc de puissances hostiles nous fermait dorénavant l'horizon. *Pour faire équilibre à l'alliance austro-prusso-russe, née par la ruine de la* ***Pologne*** *et de notre influence à l'est, la France dut renforcer autour d'elle sa sauvegarde, ajouter à la tradition, amplifier le programme national de nos rois : autrement dit, s'étendre jusqu'au Rhin et s'assurer des petits États voisins. La Révolution y procéda à sa manière, en s'environnant de Républiques « à la française »*. Elle imposa ainsi à la Hollande une République dite batave, pour remplacer la vieille fédération des Provinces-Unies, alliée à la Prusse et vaincue avec elle ; le stathoudérat fut aboli ; et les descendants de Guillaume d'Orange — notre implacable ennemi — s'enfuirent : comme si cette juste revanche eût été offerte à la mémoire de Louis XIV (Traité de la Haye, mai 1795). Puis l'Autriche reconnut de pareilles transformations au sud de l'Europe : c'est-à-dire nos Républiques ligurienne et cisalpine, qui nous servaient à l'exclure presque de l'Italie (Traité de Campo-Formio, 1797). L'année suivante, notre Directoire faisait des États de l'Église une République romaine ; et de la Confédération suisse, une République helvétique. Il annexa Mulhouse, Genève, et Montbéliard, avec un souci de nos frontières naturelles, qui évoque encore une fois le souvenir de Louis XIV et des « Chambres de réunion[1] ». Enfin, le roi de Sardaigne étant un voisin peu sûr, intrigant, un allié même de l'Autriche, le Piémont fut donc annexé. Évidemment, ce n'est point là le strict respect de la « Liberté » des peuples. Mais il y aurait quelque simplicité, en 1916, à s'indigner outre mesure de ces empiètements territoriaux, quand la menace brutale du germanisme nous fait regretter cette *seconde grande époque de la belle puissance française.*

Le malheur était qu'on eût entrepris si tard de relever cette puissance, privée de sa diplomatie séculaire, et réduite aux moyens agressifs. De là l'inévitable lutte contre l'Europe : elle dura vingt-deux ans. La France nouvelle essaya bien, à la réflexion, de se redonner une influence : elle y travailla âprement, en créant de jeunes Républiques tout autour de la sienne. Elle ne réussit qu'à irriter davantage les vieux États. Aussi leurs coalitions se succédèrent avec une logique inexorable : à vrai dire, il y eut en tout une seule guerre immense, d'où ils ne sortaient tour à tour qu'épuisés ou conquis. Les accords furent de simples trêves, que les vaincus exploitaient pour réparer leurs forces et reprendre le combat. On incrimine l'agitation ambitieuse de notre politique : mais que penser de la haine tenace de l'Europe, qui dès 93

1. Comme le dit bien M. Albert Malet, *XVIIIe siècle, Révolution, Empire.* Hachette, 1914, p. 529.

voyait dans le conflit un prétexte à démembrer la France ? et comment croire à la bonne foi de ces adversaires, qui au lendemain des traités cherchaient sans cesse à nous surprendre, à profiter contre nous de la paix que nous leur laissions ? On eut bientôt mainte preuve de cet acharnement perfide, qui explique le développement progressif de nos exigences. Car, répétons-le, la cause en était moins un excès de nos ambitions, que la catastrophe révolutionnaire, consécutive à un régime en décadence.

Le besoin d'une organisation offensive, dans cette lutte à outrance, fit surgir le gouvernement fort de Napoléon Bonaparte. Il fut l'homme nouveau de la situation nouvelle. Ce Corse ne devint Français que devant les perspectives ouvertes par la Révolution. Son génie précoce s'épanouit en présence d'une Europe en lutte. Il comprit merveilleusement. Du coup d'œil de l'aigle, il jugea les puissances, discerna les ressources des coalitions, et les moyens de les frapper au cœur. Il eut l'art et la science d'effrayer et d'éblouir. Il ne lui manqua que de percer à jour le secret de la Prusse, le germanisme d'avant 1813 : ici, l'aide des intellectuels fit défaut à la France.

C'est bien en comprenant l'état de l'Europe que Bonaparte eleva son ambition jusqu'aux projets d'hégémonie. Nous avions essentiellement trois ennemies : la Russie, l'Austro-Allemagne, l'Angleterre. Celle-ci fut de bonne heure la grande adversaire visée par Bonaparte. Elle en était assez responsable : au souci légitime de sa sécurité, elle joignait une passion nationale, quasi religieuse, contre la Révolution française, avant même notre annexion de la Belgique. De plus, elle avait pour habitude de chercher des bénéfices en opérant sur mer, à la faveur des conflits continentaux. Enfin, elle nous avait trop bien dépouillés de nos colonies, pour qu'elle n'eût pas à craindre un peu notre ressentiment. Les souvenirs de l'ancien régime ajoutèrent de la méfiance à l'irritation réciproque. Bonaparte saisit d'emblée l'occasion de se rendre populaire et illustre : porter atteinte au prestige de l'Angleterre. Seule, elle n'avait pas désarmé à Bâle et à Campo-Formio ; et l'attaquer dans son île paraissait impossible pour l'heure. Aussi Bonaparte porta la guerre en Égypte, sur la route de l'Inde : entreprise grandiose, propre à séduire un tel conquérant, et à frapper l'imagination des peuples... Mais la « reine des mers », en nous infligeant le désastre d'Aboukir, obligea Bonaparte à se rembarquer secrètement pour la France, qui était aux prises avec une seconde coalition. *Pourtant, dès le coup d'État de Brumaire, le premier Consul tenta d'apaiser la haine anglaise : inutilement.* Notre ennemie ne voulait traiter qu'avec un roi. Bonaparte, héritier de la Révolution, eut donc en face de lui l'Angleterre, jusqu'à ce qu'il succombât : car on ne peut guère compter comme une paix sincère la « paix définitive » d'Amiens, signée en octobre 1801, et qui ne dura pas deux ans. On sait du reste comment l'Angleterre reprit les hostilités, en saisissant nos navires avant toute déclaration de guerre : exemple de froide audace, dont il semble qu'elle ne se soit pas assez inspirée contre ses adversaires de 1914...

Bonaparte répliqua en menaçant les Anglais dans leur île. Mais l'armée de Boulogne ne franchit pas le détroit. Et en 1805, à Trafalgar, Nelson affirma de nouveau la maîtrise navale de l'Angleterre. Celle-ci put continuer à soutenir les coalitions... Alors Napoléon, impuissant sur mer, et trop loin de l'Égypte, recourut aux moyens financiers : il voulut affamer ce peuple de marchands. Comme de juste, il ne se montra pas moins hardi que l'adversaire. Dans l'interdiction de tout commerce avec les navires anglais, il alla jusqu'à l'extrême limite des exigences. Il imposa le blocus continental à tous ses ennemis, vaincus ou las : Autriche, Prusse, Russie après Tilsitt ; il le fit même imposer par le tsar à la Suède ; pour le parfaire, il annexa la Hollande, et le nord de l'Allemagne avec Hambourg. Même les États de l'Église durent disparaître. *Dans un conflit si général, Napoléon pensait avec raison qu'il n'y a plus de « neutres »...*

Seulement, il ne fut pas le plus fort. La nécessité pressante de vaincre l'Angleterre, qui excitait nos ennemis sur le continent, amena l'Empereur à une grave imprudence envers l'Espagne. Cet État, gouverné par un Bourbon dégénéré — ou plutôt par l' « ami » de la reine — avait failli déjà nous attaquer, à l'instigation des Anglais. Napoléon, alors libre du côté de l'est, voulut s'assurer de la péninsule, et lui donna pour roi Joseph Bonaparte (juin 1808). Mais il heurta brusquement une puissance qu'il eut le tort de négliger : le patriotisme espagnol. L'Angleterre, que les insurgés appelèrent à leur secours, put se donner des airs de libératrice : elle exploita le martyre de l'Espagne pour ameuter contre nous les nationalités européennes. Elle y réussit assez bien parce que nous étions affaiblis, et parce que dans toute l'Allemagne le fanatisme des intellectuels commençait à se répandre. L'héroïsme espagnol, aidé par la résistance anglaise à Torres-Vedras, parut un symbole de « Justice immanente » dont nos ennemis s'emparèrent : et la Prusse, bientôt, s'attribua le premier rôle dans la « libération » de l'Europe. Combien l'Histoire — celle de 1914 — démasque l'imposture des belles attitudes de 1813 ! Et par là même, sans excuser tous les excès de notre passé impérial, comme elle rehausse l'œuvre du conquérant qui, à cette aurore sanglante du présent, tenta de rétablir en son ancienne puissance la France civilisatrice, et dont la chute marque l'avènement d'un germanisme européen...

Avec l'Angleterre, la Russie contribua essentiellement à sauver les monarchies allemandes. Notre expansion républicaine en Italie, dès 1798, avait inquiété et attiré dans la deuxième coalition le tsar Paul, cédant aux instances intéressées de l'Autriche. Le général russe Souvarof nous fut un rude adversaire : en l'absence de Bonaparte, occupé en Egypte, nous perdîmes l'Italie. Or, sincèrement, Souvarof et les Autrichiens pouvaient-ils s'entendre? Ceux-ci pensaient garder pour eux les conquêtes de leurs alliés : aubaine providentielle... Mais les Russes, pour qui les plaines lombardes ne pouvaient devenir une nouvelle Pologne, n'avaient pas le même intérêt dans l'affaire. Enfin, tant bien que mal, on se remit d'accord : ou plutôt on se sépara pour ne pas se battre. Souvarof alla rejoindre en Suisse Korsakof, et connut la déroute devant Masséna. Les Autrichiens, de leur côté, renforcèrent en Allemagne l'armée de l'archiduc Charles, que Moreau repoussa en Bavière. Bonaparte revenu d'Égypte, et vainqueur à Marengo, en profita, étant Consul, pour dicter la paix de Lunéville (1801). L'Autriche reconnaissait nos Républiques : helvétique, batave, et cisalpine — ou italienne, comme on dit bientôt.

Par contre, elle gardait la Vénétie, que Bonaparte lui avait livrée en échange de tout le reste au traité de Campo-Formio : elle ne l'eut pas longtemps...

En Allemagne aussi, Bonaparte continua l'assimilation brusque — qui avait succédé à la prudente diplomatie de nos rois. Par un « recez » de février 1803, le premier Consul, que secondait alors Talleyrand, simplifia la multiplicité des Allemagnes. On lui reproche cette œuvre violente et hâtive, l'unification imprudente des petits États. Mais ce sont les événements qui nous pressaient. Nous ne pouvions plus attendre. Devant le bloc germanique qui dominait l'Est et écrasait la Pologne, la France avait perdu de précieuses années sous la Révolution. Il fallait donc agir, reconstituer un équilibre en annexant la rive gauche du Rhin, en francisant le reste de l'Allemagne. Le premier Consul usa de grands moyens ; il n'eut pas tort. Son erreur fut de ménager la Prusse — tout en la surveillant — et, l'ayant conquise, de ne pas l'abattre tout à fait. Mais ici n'était-il pas victime de son éducation révolutionnaire, ou, pour mieux dire, de cette imprévision que nos philosophes du XVIIIe siècle léguèrent à leurs élèves, les « libéraux » prussophiles de 1789 ? Napoléon, vainqueur à Austerlitz d'une troisième coalition, espérait encore s'entendre avec la Prusse. Ayant soustrait l'Allemagne à la domination autrichienne (traité de Presbourg, 1805), et remplacé l'Empire des Habsbourg par une Confédération du Rhin, sous son protectorat personnel, il voulut associer Frédéric-Guillaume III à cette œuvre française. Il alla jusqu'à lui offrir la dignité impériale, et la haute main sur une Confédération de l'Allemagne du Nord : déjà il lui donnait le Hanovre. En comptant sur un roi indécis, assisté d'une reine hostile, il ne réussit qu'à embrouiller les affaires d'Allemagne, et à raviver le zèle de ses ennemis. Profitant de notre hésitation intempestive, l'Angleterre et la Russie, qui par lassitude inclinaient à une paix « sincère », renouèrent des intrigues contre nous. Il en sortit une quatrième coalition, avec la Saxe et la Suède (1806). Frédéric-Guillaume somma Napoléon d'évacuer l'Allemagne...

Alors, devant l'ultimatum, l'Empereur retrouva sur-le-champ son génie d'homme d'action. Le diplomate avait pu se tromper sur les intentions de la Prusse : mais le général reprit la direction des événements. Il entra en campagne le 8 octobre ; le 14 il anéantissait l'ennemi à Iéna et Auerstaedt ; le 27 il entrait à Berlin. La haine prussienne était châtiée de son arrogance : la population reçut servilement le vainqueur... Les Russes enfin, après Eylau et Friedland, abandonnèrent leurs alliés. A l'entrevue de Tilsitt, entre Napoléon et le tsar Alexandre, Frédéric-Guillaume ne fut même pas admis.

Mais il ne suffisait pas d'humilier : il eût fallu détruire. La Prusse gardait en tout quatre provinces : l'Histoire a prouvé que c'était encore trop. Que pouvait peser le « Droit » problématique de la « nation prussienne », auprès des crimes qu'elle a commis ? On se scandalise de voir Napoléon, à Tilsitt, partageant à peu près l'Europe avec le tsar. Et pourtant, à un moment où se décidait le nouvel avenir du vieux monde, seule une hégémonie française — au moins sur l'Allemagne — eût pu prévenir l'imminente explosion de germanisme. *Car notre civilisation n'était plus seule en Europe : l'Allemagne intellectuelle et militaire se donnait une « Culture » conforme à son mysticisme, à ses « besoins », à son ambition.* Frédéric II, libre-penseur en théorie, avait maintenu dans l'enseignement, pour le peuple, la religion « utile à l'État ». Puis Kant et ses disciples rénovèrent cette religion au nom de la pratique, en firent un instrument de discipline, une simple émanation de leur volonté. Et Dieu, pour ces illuminés, ne fut bientôt plus que l' « Allié dans le Ciel ». Ainsi *le délire volontaire du Germanisme, au service d'un État ambitieux, s'exaspérait depuis la fin du XVIIIe siècle dans la fanatique et laborieuse Allemagne, au centre de l'Europe, à la faveur de l'inattention générale et de nos funestes illusions. Voilà un tournant de l'Histoire.*

C'est bien, en effet, d'une véritable religion d'État, insufflée à la Prusse protestante par ses théologiens et ses philosophes, que provenait le piétisme anti-français de la reine Louise et de son entourage, ministres ou généraux. Il se manifesta dès 1806, et même avant. On l'eût annihilé en écrasant la Prusse. En laissant à celle-ci une ombre de vie, on le surexcita. Napoléon molesta la Prusse au lieu de la supprimer : erreur impardonnable. A la faveur d'un régime de surveillance et de répression, le fanatisme prussien eut beau jeu : il se fit le champion de la « Liberté ». Cette sinistre parodie des idées de la Révolution française trouva crédit en Allemagne et dans l'Europe entière. Dès que l'Autriche vit Napoléon se heurter au patriotisme espagnol (1808), elle fomenta une cinquième coalition. Napoléon en triompha à Wagram ; et, dans Vienne, dicta la paix au triste fourbe qui y régnait alors. Il crut habile de le prendre pour beau-père : ce qui ne nous a pas évité de le retrouver comme ennemi.

Pour l'instant, il en espérait une consécration réelle de ses conquêtes. Roi d'Italie, et ayant donné à Murat le royaume de Naples, il annexait à son Empire les provinces illyriennes ; enfin le fils de Napoléon et de l'archiduchesse naquit en 1811 et fut appelé roi de Rome. Était-ce une apogée durable ? Or l'élément nouveau de la campagne de 1809 avait été un patriotisme allemand, mêlant aux idées mystiques le mot de « Liberté », et s'insurgeant çà et là. L'un de ses « purs héros » fut le Tyrolien André Hofer, rustre peu intéressant. Qu'importe le personnage ? L'exaltation gagnait de proche en proche ; et, plus que l'Autriche, la Prusse avec ses intellectuels était à même de diriger l'enthousiasme selon ses intérêts. *Napoléon gardait des illusions, s'il croyait une entente possible avec la **Prusse** et l'**Autriche**, après Iéna ou après Wagram. Tant que la première ne serait pas anéantie, tant qu'on ne paralyserait pas la seconde par des embarras intérieurs avec les Slaves ou les Magyars, ou par une pression turque à l'Orient, les traités devaient rester inefficaces* : donc les victoires aussi. Cette double garantie manqua à Napoléon.

Dès lors, il était vain de tendre la main au tsar, pardessus la tête de nos ennemis courbés mais non abattus, et toujours frémissants de haine. Déjà en 1805, alors qu'Alexandre Ier, presque découragé devant notre puissance, inclinait à la paix comme l'Angleterre elle-même, les complaisances de Napoléon pour la Prusse avaient rendu l'espoir à nos adversaires. Et par contre, après Friedland, quand il ne resta plus au Hohenzollern qu'une petite ville frontière, combien parut aisée la réconciliation du tsar et de notre empereur ! Malheureusement la Prusse, qui n'était même pas désarmée, ne cessa d'intriguer contre nous. A la nouvelle de nos échecs en Espagne, le ministre Stein exulta ; et l'Autriche entreprit à l'improviste sa campagne de 1809. Aussi le tsar, au mépris de la convention d'Erfurt, se tint prêt à trahir Napoléon. Celui-ci, cependant, lui avait laissé prendre de beaux bénéfices : à Tilsitt, la Finlande en perspective : à Erfurt, la Moldavie et la Valachie ; puis en 1809, après avoir souhaité notre défaite, Alexandre reçut de nous des territoires polonais. Il souhaitait encore davantage, étant un tsar ambitieux ; et Napoléon l'irrita fort, en lui barrant alors la route de Varsovie et de Constantinople. Nous ne pouvions pourtant pas, en échange d'une amitié si douteuse, lui abandonner ce rempart qu'était pour nous la Pologne reconstituée. Et quant à partager la Turquie avec un allié russe toujours sollicité par l'Allemagne, l'idée n'en fut-elle pas au moins prématurée ? En un tel moment, pareille tentative était une source de désaccords : le partenaire ne jouait pas franc jeu, et Napoléon craignait de céder de trop beaux avantages : l'entente se rompit. Le mécontentement moscovite — où il y avait surtout de l'orgueil blessé — fut singulièrement envenimé par les excitations de Berlin et de Vienne. En combinant une sixième coalition, avec la Suède et l'inévitable Angleterre (1812), Alexandre reçut l'assurance d'un appui « moral » de l'Autriche et de la Prusse. Celle-ci eut beau nous fournir un contingent, et celle-là rester « passive » : nous étions trahis d'avance par les Allemands, en nous égarant vers Moscou, avec cette menace derrière le dos. *La défection germanique imminente, encourageant la Russie, était en réalité la cause profonde de la guerre ; et c'est elle encore qui fit de notre échec un désastre irrémédiable.*

La fatale retraite de la Grande Armée fut en effet le signal de la catastrophe. La Prusse, fanatique d'un romantisme guerrier, put assouvir enfin sa vengeance. Avec toute la persévérance que donne la haine, elle avait réussi à tourner les règlements napoléoniens, à rendre illusoire la limitation de ses forces militaires : tant il est vrai qu'envers un tel État il n'y a rien de pis que les demi-mesures. Stein, le ministre réformateur, réfugié en Russie, n'était pas resté inactif, pendant que le philosophe Fichte se chargeait de l' « action morale » sur la jeunesse : en attendant que le poète Koerner vînt idéaliser, d'un délirant enthousiasme, cette Prusse qui se flattait de « rendre la liberté au monde ». La septième coalition réunit Frédéric-Guillaume au tsar et à l'Angleterre. François d'Autriche, ou plutôt son ministre Metternich, déjà tout-puissant, essaya de leurrer Napoléon jusqu'au fallacieux congrès de Prague ; puis, une fois prêt, il nous attaqua. Les alliés, jouant la comédie de la « bonne volonté », devaient renouveler encore leurs offres d'une « paix honorable », dont notre Empereur ne fut guère dupe : comment croire jamais aux « généreuses » promesses d'une Allemagne victorieuse ?... Metternich et son maître avaient déjà adhéré à la coalition quand ils se proposaient en « médiateurs » : ils comptaient poursuivre leur premier succès jusqu'à l'écrasement de notre Empire. La débâcle de la Grande Armée se consomma près de Leipzig, malgré une belle résistance. La Confédération du Rhin nous échappait : à la veille de la défaite, nos associés bavarois firent défection, et, en pleine bataille, les Wurtembergeois et Saxons passèrent à l'ennemi ; par contre, bon nombre de Rhénans, nettement francisés, nous restèrent attachés malgré nos désastres, longtemps après 1813. Il fallut évacuer l'Allemagne. Au sud, l'Espagne était perdue après une lutte épuisante. La France fut envahie. Tout le génie de Napoléon ne put lui donner instantanément assez de soldats. Du moins, avec un résidu d'armée, il fit des prodiges, battant Blücher, battant Schwarzenberg, pliant enfin sous le nombre, mais ne désarmant pas. La capitulation de Paris, les intrigues de Talleyrand entre les Bourbons et les Alliés, la trahison de Marmont, amenèrent l'abdication de l'Empereur (6 avril 1814).

Pourtant, déchu de sa puissance, abandonné par ses créatures, il représentait encore la France. A travers la lugubre épopée de cette chute immense, alors que l'Empire s'écroulait sous l'invasion, le loyalisme des soldats était admirable. Et, si à Paris des bandes royalistes acclamaient le tsar, les paysans des campagnes envahies n'avaient qu'un ennemi : l'étranger. Le pacte humiliant que les Bourbons rapportaient de leur exil, surexcita le sentiment national. On souhaita, pour la dignité de la France, le retour de Napoléon. Celui-ci, de l'île d'Elbe, accourut au-devant de ses anciens soldats ; et nul n'osa lever la main sur l'Empereur... sauf pour le porter en triomphe. Mais que pouvait-il désormais contre l'Europe? Cent jours plus tard, il connut la déroute à Waterloo (juin 1815).

CHAPITRE V

LE ROMANTISME ET LE SECOND EMPIRE
LES FUNESTES ILLUSIONS

Les traités de Vienne, dès la veille de Waterloo, marquent l'abaissement de la France. L'œuvre de puissance édifiée jadis par Richelieu et Louis XIV, puis ébranlée sous Louis XV, et reprise hâtivement par Napoléon sur une base révolutionnaire, s'effondrait de nouveau. Cette fois, une Europe transformée barrait la route au génie de la France, le rejetait à l'intérieur de nos frontières. Que d'autres aient admiré ici une « revanche » des nations envers l'ancienne politique d'expansion française ; qu'ils aient salué avec confiance l'avenir de « respect international » qui devait s'épanouir peu à peu grâce à une France rendue pacifique : illusions d'un temps! Parce qu'elles ont résisté à la leçon de 1870, la grande guerre de 1914 leur inflige un plus terrible démenti. Du reste, comment put-on perdre de vue l'oppression des Polonais, des Tchèques, et plus tard des Alsaciens-Lorrains — victimes de notre impuissance à les soutenir ? Comment nier la germanisation de l'Europe et le danger mortel que nous courions nous-mêmes ? On l'osa pourtant : nous en connaissons les lourdes conséquences. A la lueur sanglante du présent, on aperçoit mieux le conflit des forces si différentes qui se disputaient, il y a un siècle, l'hégémonie matérielle et morale sur le vieux monde. *Ce que la France perdit de son prestige militaire et de ses conquêtes, à la chute de Napoléon, fut autant de perdu pour l'autorité de notre civilisation* : autant de gagné pour la « Culture prussienne », installée à notre place sur la rive gauche du Rhin. *Car les luttes pour la puissance sont des luttes pour l'idée.* Voilà ce qu'ont toujours su les Germains de Prusse et d'Autriche, acharnés à d'implacables besognes d'assimilation, sur leurs confins de l'ouest, du sud et de l'Orient.

La France sortait des guerres de la Révolution et de l'Empire avec son ancien territoire : mais *que signifiaient des frontières intactes, auprès de voisins nantis de gages écrasants?* La Prusse, l'Autriche et la Russie, cette « Sainte-Alliance », apportaient le « salut » au reste de l'Europe en l'étouffant de leur étreinte. Par bonheur on ne s'était pas entendu pour anéantir la France : le tsar Alexandre avait d'autres idées, et il était craint ; du reste, au Congrès de Vienne, la divergence des appétits, dans les questions de Saxe et de Pologne, ne servit pas moins la diplomatie de Talleyrand... C'était, en quelque sorte, la vie sauve : mais nous étions chassés de partout. Malgré les menaces entre alliés, on observait une certaine solidarité contre nous ; un équilibre européen se reformait à nos dépens. La Pologne, notre garantie séculaire, perdue sous Louis XV, chèrement rachetée par les victoires de Napoléon, disparaissait encore : cette fois la Russie, forte du prestige de son aide puissante, s'attribuait la haute main sur le grand-duché de Varsovie, promu royaume ; l'annexion ne fut que différée. L'Italie retombait, en fait, sous le joug de l'Autriche, souveraine d'un royaume lombard-vénitien, et toute-puissante auprès des petits Etats. Enfin, pour nous interdire à jamais l'Allemagne rhénane — sauf l'Alsace —, on la partageait presque entièrement entre Prusse et Bavière. La Belgique, française et catholique, était rattachée à la Hollande, germanique et protestante : on défrancisait l'Europe occidentale. Et que gardions-nous ailleurs dans le monde? ce que l'Angleterre voulut bien nous laisser de nos colonies.

Si pourtant. *Quelque chose de grand nous restait : ces souvenirs de splendeur que nous léguions à l'Europe, et qui devaient la hanter plus encore que nous-mêmes.* Nos pères avaient été longtemps ses maîtres par l'autorité de leurs talents, dans la civilisation et dans la guerre : nulle autre puissance que la leur ne savait à tel point conquérir et charmer. Le tempérament, les manières, y furent aussi pour beaucoup : au temps de Richelieu et de Louis XIV, de la grande diplomatie, c'était une supériorité de ton et d'élégance ; sous la Révolution, ce fut la bonne humeur, la vivacité et la bravoure, qualités d'une race généreuse. Tout cela, souligné par de nombreuses victoires, en imposait à nos voisins d'Allemagne. Nous les avions étonnés sous les régimes les plus différents : après la décadence de la royauté, le premier élan révolutionnaire les surprit ; puis, en pleine Terreur, l'expansion nationale, le début de l'épopée, les frappa d'une nouvelle admiration. Cette souplesse de l'énergie française, si souvent déconcertante pour nos ennemis, leur inspira dès lors une crainte toujours inquiète, qui n'était pas exempte d'un certain respect, malgré la déchéance de 1815. Dans l'ensemble, les populations étonnamment subjuguées par nous n'en avaient conçu que plus d'estime pour les idées que nos soldats leur apportaient. Le génie militaire de Bonaparte ajouta aussi quelque autorité aux principes de 1789.

Les peuples d'Europe trouvaient un second motif de ne pas nous oublier : quand ils considéraient leurs nouveaux maîtres, et le régime qui était censé garantir le retour à l'indépendance. Les Rhénans, qui pouvaient comparer les deux méthodes — française ou prussienne — ne cachèrent point leurs regrets. L'Italie non plus ne respira guère après la « délivrance » : rarement tyrannie fut plus détestée que celle de l'Autriche. Et sur les confins de Russie — puisque nous faisons le tour de la Sainte-Alliance — les Polonais se virent privés peu à peu de leur autonomie trompeuse, destinée à redevenir sujétion. Cette réaction plus ou moins prompte des souverains, après notre départ, accrut notre popularité européenne : de même que chez nous la première Restauration de 1814 suffit à faire renaître toute la popularité de Napoléon. A l'extérieur, plus les nationalités souffrirent du fait de nos ennemis, plus les souvenirs de « l'époque française » se ravivèrent dans les mémoires. Ainsi, *avec une politique assez timide, la France put rester de nom « la grande nation » : elle profitait de son passé*... A mainte reprise, depuis lors, l'écho de nos idées ou de nos Révolutions retentit au loin, sans appel aux armes, ou du moins sans expansion nouvelle : nous craindrons plutôt de paraître « provoquer » l'Europe[1] ; et pourtant cette

1. L'idéaliste Lamartine, au nom du Gouvernement provisoire de 1848, prit bien soin de « rassurer » les puissances : ce qui d'ailleurs ne désarma nullement leur méfiance envers Paris, foyer d'insurrections.

Europe guettait nos agitations, et tressaillait chaque fois.

Chez nous, du reste, on tendit à s'exagérer la portée de ces répercussions. On fut trop tenté, tout en rêvant d'une diplomatie pacifiste, de se croire toujours armé d'un pouvoir supérieur... par l'autorité morale. C'était ne pas compter avec le concurrent plus réaliste qui fera de sa force au moyen de propagande, un argument pour dominer les esprits. *En France, une partie de l'opinion se détourna d'une politique de puissance, de garanties extérieures, et se confina, vis-à-vis de l'étranger, dans les principes et les idées pures :* signe indubitable de faiblesse. Compter sur la « vertu » de ses idées, plus que sur son énergie à les servir ; s'en remettre à la « bonne volonté » des autres peuples, et les concevoir volontiers pareils à nous : tout cela passa bientôt pour l'héritage intellectuel de la Révolution. C'est-à-dire que l'on retomba aux illusions de 1789, momentanément dissipées par les invasions, par le réveil national et les guerres de l'Empire. Pour l'instant, sans « déclarer la paix à l'Europe », on l'imaginait vibrante à notre unisson, sous des monarchies artificielles et impatiemment subies ; au premier appel, les peuples courbés par la Sainte-Alliance des souverains relèveraient la tête et acclameraient d'eux-mêmes la France libératrice : la tradition révolutionnaire n'était-elle pas désormais la même pour tous ? Ainsi se forma, après 1815, une légende des idées de 1789 : épopée des « immortels principes » semés aux quatre vents de l'Europe, et germant partout. *Encore était-on trop près du premier Empire, au lendemain de* 1815, *pour nier la part décisive des victoires napoléoniennes dans l'expansion de ces idées*. On demeura donc, presque à la fois, fidèle à la première République et à Napoléon ; ou du moins *les souvenirs de cette glorieuse époque restèrent étroitement mêlés : on gardait un culte au conquérant qui fit rayonner l'idéal nouveau.* De fait, il est à noter qu'un fort parti libéral fut bonapartiste sous la Restauration — bien que Mme de Staël, cette « libre-penseuse » prussophile, eût clamé sa haine contre le « tyran » corse.

Il se fit même un singulier mélange d'utopie et de gloire, entre l'idéal humanitaire et la légende de « l'Aigle ». *Cela, dans le désenchantement d'après Waterloo, engendra un état de trouble sentimental, d'orgueil et de mélancolie, qui fut notre Romantisme.* Le malaise romantique, en effet, porte en lui tous ces éléments : avec une *fièvre révolutionnaire*, il se complaît dans les *somptueux décors de l'épopée impériale ;* ou bien la passion du rêve suscite seulement, en un sens général, la *vague nostalgie d'un passé :* avant Hugo, voici Chateaubriand. Mais ce singulier « conservateur » lui-même, en ses songeries ambitieuses, resta hanté par l'image du rocher de Sainte-Hélène, par l'ombre de son grand rival.

Ainsi les souvenirs de la tragique époque — celle de 1789 à 1815 — dominent ou inspirent les agitations politiques du XIXe siècle : et malheureusement, ils n'exercent leur action que par l'intermédiaire du Romantisme qui les déforme. Ils s'imposent aux esprits dans un pêle-mêle étrange, à travers le trouble des sentiments. La crise de 1789 avait elle-même rompu l'équilibre classique, si menacé déjà par la décadence avant-coureuse, par le relâchement de toute discipline sous le règne de Louis XV. Mais, après les « immortels principes », les hommes de 93 avaient aussi connu les terribles réalités de l'invasion et des luttes contre l'Europe : rude leçon de choses ! Durant cette période, l'idéal révolutionnaire fut sauvé de la pure utopie par les nécessités de l'action. Ensuite, le Consulat et l'Empire accrurent encore l'activité nationale : Napoléon n'aimait point les rêveurs : les idéologues ne trouvaient pas place dans son État : on envoyait Mme de Staël « philosopher » en Suisse ou en Allemagne. Mais à la chute de l' « Aigle », il n'en alla plus de même : le rêve humanitaire retomba peu à peu à ses premières illusions, aggravées d'un certain romantisme. On se remit, plus imprudemment que jamais, à compter sur l'adhésion spontanée des peuples, sur leur amitié, sur leur désir unanime de bouleverser les États. On oublia que nos idées se privaient d'un argument efficace : du prestige de la force. Toutefois, répétons-le, *ce retour à l'utopie fut un peu retardé par le culte napoléonien*, qui était lui aussi une des formes de notre romantisme : le glorieux écho de l'épopée tonifia l'énergie française, prête à s'oublier dans un vain mirage.

Par suite, notre politique extérieure sous la Restauration resta partagée entre deux tendances : en face des Bourbons qui ménageaient les monarques leurs anciens protecteurs, l'opposition républicaine et bonapartiste songeait encore aux conquêtes éphémères, aux territoires perdus, à ces pays rhénans où l'on nous aimait toujours. Les libéraux, en attendant le retour au pacifisme, formaient le parti des « patriotes » — dans le vieux sens révolutionnaire, en souvenir de 93 : ils reprochaient au gouvernement du roi suspect une timidité de mauvais aloi.

Mais à l'extérieur, les désirs de ces libéraux demeurés

« patriotes » se heurtaient à l'état de choses créé par la chute de Napoléon. Les traités de 1815 marquaient l'échec diplomatique des idées de la Révolution. On s'était livré à une tentative grandiose pour relever la puissance française, pour rétablir un nouvel équilibre européen sur la base des principes de 1789 : de même que l'activité de l'Europe au XVIIe siècle avait gravité autour de notre civilisation classique, et de l'œuvre de Louis XIV. Seulement, on s'y prit un peu tard, en 93 : les moyens révolutionnaires sont des moyens désespérés. Par suite des excès commis, la guerre à outrance devint le seul argument pour se faire respecter des autres Etats ; et elle se termina par un effondrement devant la septième coalition. Dans ces conditions, c'est le retour des Bourbons qui nous sauva, malgré les humiliations qu'il comportait. Le tsar, refrénant les convoitises prussiennes, consentit à nous laisser nos anciennes limites, par égard pour le régime stable que semblait promettre à la France sa dynastie traditionnelle. Tels sont les faits. *La « réaction » put déplaire aux Républicains belliqueux de la première génération* : ils regrettèrent passionnément Bonaparte, héros de la « grande époque »; certains rêvèrent de jeter le défi à la coalition des souverains, de reprendre les grands chemins de l'épopée. *Mais* qu'eût fait la France isolée, surveillée, affaiblie ? *La réalité était là* : quels que fussent à notre égard les sentiments des peuples, *l'œuvre extérieure de la Révolution française avait matériellement disparu ; la Sainte-Alliance germano-russe était maîtresse du continent.*

Sans doute, la diplomatie de Louis XVIII et de Charles X ne resta pas inactive : elle dut seulement se montrer prudente, et ne joua qu'un rôle secondaire; car toute velléité de passer précipitamment au premier plan nous eût mis en fâcheuse posture. On le vit bien dans les affaires d'Orient. La Révolution avait posé en principe le « Droit » des peuples à disposer librement d'eux-mêmes : de là découlait, théoriquement au moins, le projet d'affranchir les nationalités asservies à des maîtres étrangers. Mais le système de Metternich, régnant sur l'Occident, nous enfermait dans la limite de nos frontières. Les Belges, que nous avions délivrés du joug autrichien, étaient rattachés de force à la Hollande ; les Rhénans, sans aucune sympathie pour la Prusse, subissaient sa colonisation ; et l'Autriche, en fait, régentait durement toute l'Italie. *Presque partout, à nos portes, le principe des nationalités était en souffrance* : et l'heure ne semblait pas venue de prendre en mains l'œuvre de libération italienne. *Du moins vers l'Orient nos libéraux cherchèrent une consolation flatteuse : la joie d'apporter à des peuples esclaves une aide fraternelle, en dignes fils de la Révolution... Il s'agissait des chrétiens de l'empire turc*. Le désir de leur porter secours n'avait rien que de fort légitime, et notre intérêt même nous le conseillait — à condition qu'on ne fût pas dupe d'une vaine gloriole, et qu'on ne laissât pas à des adversaires le bénéfice de nos bonnes actions. Il est intéressant, toutefois, de noter un certain revirement dans notre diplomatie orientale. Du parti des oppresseurs, ne revenions-nous pas à celui des opprimés? Nos rois, après le temps des croisades, avaient recherché l'alliance turque contre l'ennemi autrichien : François Ier ouvertement, Louis XIV en sous-main, sans négliger son rôle de « tuteur de la chrétienté ». Et voici que les héritiers de 89 déclaraient la guerre à l'Ottoman, prenaient la défense des nationalités chrétiennes avec une hardiesse dont notre politique s'était si longtemps abstenue... Pourtant peut-on parler d'un « revirement » contre les oppresseurs, puisqu'au fond il n'avait jamais été question jadis de sympathiser avec les Turcs aux dépens de leurs victimes? Seulement on changeait de « manière » : *nos rois s'étaient servis de la diversion ottomane envers l'Autriche, en leur diplomatie réaliste : tandis que nos libéraux sous la Restauration réclamaient la rupture « par humanité » ou par romantisme. Déjà se manifestait la politique de sentiment.* Napoléon avait montré plus de sens pratique que ses admirateurs républicains d'après 1815 : il fit mettre Constantinople en état de défense contre la flotte anglaise, et il résista d'autre part aux Russes qui tenaient à s'y établir. On peut regretter, assurément, qu'alors la future Triple-Entente se soit privée là-bas d'une belle occasion de se mettre d'accord pour rejeter les Ottomans en Asie, puisque nous dominions une Turquie en décadence. Mais en ce temps la Russie et l'Angleterre avaient partie liée avec nos pires ennemis : devions-nous donner Constantinople à l'une des deux puissances qui contribuaient si aveuglément à la germanisation de l'Europe? Napoléon allait même un peu vite quand il franchissait du regard l'Austro-Allemagne, foyer permanent du conflit, pour rêver de grands coups lointains, ou de partages prématurés en Orient. Il n'avait déjà que trop sacrifié la Turquie à l'artificieux tsar Alexandre, après Tilsitt... Erreur passagère, du reste : le génie de Napoléon se ressaisissait toujours; tandis qu'avec les libéraux patriotes sous la Restauration, il semble que parfois la politique française parte à l'aventure.

On appliquait à la question d'Orient, avec une fougue romantique, le fameux « principe des nationalités » qui émanait de la Révolution. D'ailleurs, on le semait en terrain fertile : tant de petits peuples subissaient dans les Balkans la persécution ottomane ! Aussi, de bonne heure, notre idéal révolutionnaire de Liberté — interprété comme un appel à l'indépendance nationale — se propagea chez les opprimés de l'empire turc. Les Serbes, Slaves d'une belle vigueur physique et morale, se souvinrent-ils de notre ancienne influence en leur pays autrefois florissant ? en tous cas, ils se tournèrent souvent vers nous, au cours de leurs luttes douloureuses pour la délivrance. Ils furent les premiers à se soulever triomphalement contre les Turcs, avec leur héros Kara Georges, au temps de Napoléon. Au reste, l'opinion française, fort occupée ailleurs, s'en émut peu ; la Russie et l'Autriche virent de plus près la révolte, mais s'inspirèrent surtout de leurs propres intérêts... L'impression fut tout autre en France au bruit de l'insurrection grecque. Devant les exploits des pirates et des palikares, les têtes romantiques s'échauffèrent au souvenir classique de l'Hellade. Et on retrouva aussi le saint enthousiasme des croisades, pour guerroyer contre les « Infidèles ». C'était à coup sûr une noble cause, pour tout ce qu'elle évoquait. Les idéalistes d'Occident, qu'ils fussent de France, d'Angleterre ou d'Italie, fournirent un beau contingent de volontaires : le poète Byron alla mourir dans Missolonghi assiégée. De tels libérateurs donnaient de la solennité au conflit, le rehaussaient de tout le prestige du passé. Quant aux Grecs libérés, modernes compatriotes du « roi des montagnes », ils ne se rendaient pas la tâche facile : leurs chefs se querellaient entre eux. Il fallut une intervention européenne pour les sauver. Les flottes française, anglaise et russe à Navarin, le général Maison en Morée, enfin une armée du tsar sur le Danube, assurèrent l'indépendance de la Grèce, et par contre-coup celle de la Serbie (traité d'Andrinople, 1829).

La future Triple-Entente s'était-elle donc groupée d'instinct, d'un élan généreux? Au contraire, l'accord réalisé sagement par la diplomatie peu romantique de Charles X fut laborieux autant qu'éphémère. L'odieux système de Metternich, pesant sur l'Europe, pouvait-il laisser place à une ligue sincère pour la civilisation et pour l'indépendance des peuples? pouvait-il ne pas régner par la désunion, selon le vieux principe de la cauteleuse Autriche? Et au demeurant, il faut bien avouer que nos alliés d'occasion n'étaient guère capables de lui opposer un groupement loyal. En ce temps, *l'égoïsme anglais, le dédaigneux orgueil moscovite, rendaient une solide alliance peu réalisable, entre eux ou avec nous. Et par suite, c'est l'Austro-Allemagne qui tenait les fils des combinaisons internationales, en dernier ressort.* Pourtant la guerre des « philhellènes » s'était faite en dépit de Metternich. Soutenant les Turcs oppresseurs, il avait d'abord dissuadé Alexandre d'intervenir. On sait de quelle complicité se sentaient liés ces deux artisans de la Sainte-Alliance anti-française. Et, naturellement, le tsar y compromettait ses intérêts orientaux à la satisfaction de l'Autriche. Or, l'avènement de Nicolas Ier (1825) desserra des liens si funestes. Aussi, quatre ans plus tard, le traité d'Andrinople consacrait l'autorité de la Russie sur les chrétiens des Balkans. Mais à ce moment la jalousie anglaise se mit en travers : ce qui servit les desseins des Austro-allemands. Le président russophile de la jeune Grèce, Capo d'Istria, eut donc pour royal successeur Othon de Bavière. Et ce n'était que la première des *dynasties germaniques que diverses intrigues ont installées dans les Balkans, sur des trônes érigés par nos soins*.

En somme, l'Autriche et la Russie, sous l'apparence mensongère de leurs relations de bon voisinage, restaient profondément ennemies. Complices dans le partage de la Pologne et dans les guerres contre Napoléon, elles se retrouvaient rivales vers l'Orient : Comme alors on savait bien profiter, à Vienne, de la fausse collaboration où s'était engagée lourdement la Russie ! Sans rien brusquer, sous prétexte d'arranger les choses, l'Autriche se mêlait de tous les conflits balkaniques, pour arrêter à point la tutrice naturelle des Slaves et des chrétiens orthodoxes. N'ayant pu l'empêcher d'intervenir en 1826, elle se disposait à lui rogner les avantages de son intervention. Elle y réussit sans guerre : une diplomatie habile procure de si appréciables résultats ! et elle coûte infiniment moins cher... L'Autriche s'employa durant tout le XIXe siècle, peut-on dire, à duper la Russie. Sa « poussée » vers les Balkans, pour n'être pas si agressive que celle des héritiers de Pierre-le-Grand, n'en fut que plus âpre et tenace. Elle eut pour méthode d'assister froidement à tous les assauts du colosse russe, à ses coups de bélier contre la Turquie ou les grandes puissances, et, en dernière heure, de jouer aussi bien que possible le rôle du troisième larron. Cette œuvre de profonde astuce, dissimulée sous les dehors d'une hautaine indolence, caractérise le régime des Habsbourg ; or elle leur était imposée par l'origine même de leur État oppresseur, poste avancé du Germanisme sur les confins de Bohême, de Hongrie et des Balkans. On voit se dessiner ici ces vastes projets orientaux qui dataient d'avant Joseph II, et que l'Allemagne amplifiera pour son compte après 1870. Leur développement va absorber d'autant plus la politique autrichienne, qu'à l'ouest son hégémonie en Allemagne s'effondrera, pendant qu'au sud ses possessions d'Italie se rendront indépendantes. Voici donc, peu à peu, l'Autriche rejetée vers l'Orient, allongeant des tentacules à la rencontre de toutes les intrigues asiatiques que démasquera la guerre de 1914. Tel est, en fait de luttes internationales, le drame le plus fiévreux du XIXe siècle. *Si le conflit latent du Germanisme avec la civilisation d'Occident restait la grande cause du futur cataclysme, c'est la querelle orientale qui devait lui donner toute son ampleur.*

Assurément, tant qu'il existerait une France, les Austro-Allemands auraient à compter avec elle. Ils ne l'ignoraient pas, et Napoléon III allait le leur rappeler en Italie, après un premier succès flatteur en Crimée. Mais les perspectives d'avenir s'ouvraient plus larges vers l'Orient. Depuis les limitations draconiennes que les Alliés imposèrent à la France en 1815, comment nos Bourbons revenus d'exil eussent-ils prétendu à l'autorité européenne de Louis XIV et de Napoléon ? Comment se hausser de nouveau à une grande politique, tant qu'on ne briserait pas ce barrage artificiel d'une Prusse rhénane, d'un Palatinat bavarois, d'une Allemagne « regermanisée » ? Pareille réhabilitation nationale n'eût pas exclu une action persévérante en Orient : bien au contraire ;

celle-ci devait aider celle-là. Par malheur l'énergie fit défaut; et l'on sait pourquoi. D'abord la crise de 1789 avait laissé dans le pays une atmosphère de guerre civile, que la Restauration impopulaire de 1815 n'a pas dissipée. Il ne suffisait pas de se retrouver unis par l'émotion, tous vibrants, à l'instant du danger, comme nous allons le voir pour 1840 : la discipline nationale n'est pleinement efficace que si elle s'affirme dès le temps de paix, dans l'œuvre de préparation. Elle suppose une longue éducation de l'esprit public, le concours des ressources intellectuelles, économiques et militaires pour l'expansion méthodique d'un peuple civilisé. Tout cela exige une grande maîtrise de soi-même, et une patiente expérience : qualités qui n'étaient guère à l'ordre du jour dans cette jeune France nerveuse, où des poètes, des orateurs et des pamphlétaires pouvaient diriger les courants de l'opinion. La Révolution et le Romantisme n'avaient pas précisément développé le sens des réalités européennes. Or il fallait tout autre chose que de l'utopie pour conduire à bonne fin la « grande politique » qui hantait encore certaines imaginations : il fallait du moins en concevoir les conditions essentielles : ramener nos affaires d'Orient au problème vital de nos frontières ; encercler l'Austro-Allemagne en réconciliant ses dupes, jusqu'à travers les Balkans. La guerre de 1914 acculera à cette solution, un peu tard, notre troisième République : il n'est jamais avantageux de se voir imposer par la force des choses ce qu'on aurait dû vouloir de soi-même, en choisissant son heure.

La France, de 1815 à 70, n'eut guère que des velléités de grandeur, sans cette persévérance méthodique qui tire parti des événements et finit par les diriger. Ce n'est pas que tous nos gouvernements aient manqué de prudence autant que le second Empire à son déclin. Ce n'est pas non plus que les circonstances nous aient toujours mal servis. Fort heureusement l'esprit français gardait encore une influence en Europe. Ainsi en 1830, au bruit de la Révolution de juillet, Bruxelles avait repris son indépendance. Or cette Belgique française, une fois libérée, devint pour les Allemands une gêne et un objet de convoitise. Sa neutralité honnête servait à notre défense, comme le comprit sagement la diplomatie de Louis-Philippe : les agresseurs y ont trouvé depuis lors une pierre d'achoppement sur leur route d'invasion... On note ainsi, çà et là, des actes heureux de notre politique. Mais en général, dans le public, trop d'idéologie et de nervosité s'opposait à la notion claire et continue de nos intérêts. On se grisait des souvenirs d'un passé mal compris, on rêvait de beaux gestes d'épopée ; ou plutôt, dans chacune des crises européennes, on ne voyait que la scène romantique à jouer. Oui, sans doute, récupérer la rive gauche du Rhin : ce vœu du Bonapartisme figurait au programme d'un parti libéral, encore sous Louis-Philippe ; aussi Thiers, par deux fois ministre, faisait-il achever l'Arc de Triomphe, ramener de Sainte-Hélène les cendres de Napoléon. Et pourquoi ce réveil de la *question Rhénane* ? à propos de cette *question d'Orient* qui miroitait à l'autre pôle de l'épopée impériale.

On voit que les affaires les plus lointaines, en cet état de tension internationale, nous touchaient de près et mettaient immédiatement en cause la sécurité de nos frontières. Ce n'était donc pas le moment de s'abandonner à une folle insouciance — comme au temps de Louis XV — ni à une non moins folle présomption. Avant tout, la politique de parade, les éclats de voix, n'étaient pas de saison : il eût été bien difficile de le faire comprendre aux révolutionnaires sentimentaux de 1830. Les manifestations théâtrales de Thiers — cet insurgé devenu ministre — ne suffirent pas à grandir la France, mais bien à inquiéter l'Europe : d'autant plus vivement qu'il s'agissait de l'Égypte, chère aux Anglais. Et naturellement nos orateurs, qui se piquaient de garder des traditions, ne visaient là-bas qu'une « éternelle ennemie », l'Angleterre, en souvenir de l'expédition de Napoléon. Que leur en semblerait-il vers 1914, s'ils voyaient qui a profité de ces querelles, et qui était réellement l' « éternelle ennemie » ? Du reste, la politique anglaise à notre égard semblait peu faite pour nous inspirer de l'amitié...

La France se brouillant avec ses deux alliées de Navarin — car la Russie soutint contre nous l'Angleterre — : quel spectacle pouvait davantage réjouir Metternich et la Prusse ? Ils eurent le plaisir d'adhérer à une coalition reconstituée, qui leur rappela les « beaux jours » de 1813 (traité de Londres, 1840). Étions-nous à même d'y faire face ? Instant critique... Heureusement notre protégé, le pacha d'Égypte Méhémet Ali, aux prises avec les difficultés de la situation, recula prudemment ; et la chute de notre brillant orateur ne contribua pas moins à nous sauver. D'ailleurs, son remplaçant Guizot, ce conservateur qui n'était pas sans affinités avec la Prusse protestante, se rapprocha des puissances centrales. Mais l'Angleterre, maintenant, s'en prenait à la Russie. Sous prétexte d'accord international, elle s'empressait de restreindre l'influence moscovite dans les Balkans, de lui barrer l'accès de la Méditerranée : la Convention des Détroits ferma à tout navire de guerre le Bosphore et les Dardanelles (1841). Belle victoire diplomatique, en vérité, que cette mesure prise contre les Russes, mais dont les marins et soldats anglais de 1914 supporteront les tristes conséquences... *La politique de division, si bien entretenue sans coup férir par les chancelleries de Vienne et de Berlin, portait ses fruits.*

Qui donc s'en fût douté? *Grande-Bretagne et Russie, chacune de son côté, croyaient faire acte de haute indépendance et de grande politique dans ces fiers projets orientaux, qui les opposaient l'une à l'autre.* Pourquoi s'unir, sacrifier l'égoïsme étroit ? Pour le moment, *elles ne voyaient plus en Europe de danger commun*, la France étant abaissée... Et pendant ce temps l'Austro-Allemagne, assez tranquille entre les rivaux, se bornait à offrir ses « bons services » et poursuivait en paix ses opérations lucratives. Elle redoutait la Russie ; mais de ce côté, n'avait-elle pas pour sauvegarde une vieille complicité dans l'affaire polonaise ? et sans doute aussi les souvenirs de la Sainte-Alliance, que l'autoritaire Nicolas Ier ravivait en écrasant l'insurrection magyare pour le compte de François-Joseph (1849). Quant à l'Angleterre, plus libérale, elle n'avait évidemment pas les mêmes raisons de soutenir l'absolutisme autrichien, que Gladstone flétrira en termes justement célèbres. Mais elle ne penchait que plus volontiers vers la Prusse luthérienne, vers la Prusse des philosophes, qui a fait tant de dupes outre-Manche et d'abord chez nous. On sait de quelle sympathie nos libéraux pacifistes honoraient naguère la patrie du « grand Frédéric », et combien la Révolution eut de mal à se dégager de ce préjugé funeste. La sauvagerie des soldats de Blücher en 1814, et l'intrusion prussienne sur la rive gauche du Rhin, ne facilitaient pas une réconciliation. Mais l'esprit allemand rentra en grâce par un détour : au nom de la Philosophie et de la Littérature, il commença à s'insinuer sans violence ; nos naïfs Romantiques le recommandèrent aux rêveurs, pendant que les admirateurs de Kant parlaient de lui avec emphase aux intellectuels. Il s'agissait d'amollir les préventions, d'attendrir l'opinion publique, de la désarmer. Cette germanophilie avait sa source dans l'œuvre spécieuse de Mme de Staël, trahissant le génie français par haine de Napoléon... L'infiltration produisit ses premiers effets, en politique, avant le milieu du siècle. Déjà les rancunes de 1815 perdaient de leur acuité ; et surtout le libéralisme tendait de plus en plus à une politique de « principes », d'idées, ce qui voulait dire qu'à l'occasion on se rapprocherait volontiers des jeunes États « libéraux » : duquel notamment, vous le devinez. Ainsi, sans y voir de mal, on inclinait à favoriser aveuglément la prussification de l'Allemagne — par haine de l'Autriche réactionnaire... Or l'Angleterre n'était pas très éloignée de penser comme une partie du public français : ou plutôt elle ne pensait pas tant. Son prestige, ses colonies, son commerce : voilà essentiellement ce qui l'occupait. Sa compétence en affaires était hors de doute ; mais sa préparation intellectuelle fut gravement en défaut. Mal informée des choses de l'esprit, elle ignora le profond travail politique du germanisme littéraire — objet de ses sympathies. Comment l'eût-elle percé à jour ? Qui eût armé l'intelligence anglaise pour cette besogne de pénétration vigoureuse ? Dans la sensiblerie mystique des rêveurs insulaires, le romantisme libéral de Byron se rencontrait avec le culte soporifique des songeries Gœthéennes et de l'« Idéalisme » allemand... En politique aussi, et dans le même sens, il faut noter déjà quelque idéologie libérale, aux prises avec l'utilitarisme des conservateurs. Oh ! on n'allait point encore jusqu'aux imprudences pacifistes qui précéderont 1914 ; on n'en était même pas aux réformes de Gladstone : c'est lord Palmerston, un modéré, qui jusqu'en 1865 représenta au pouvoir le parti nouveau. Le changement fut tout de même sensible, au cours du long règne de la reine Victoria. A l'extérieur, on se fit illusion avec une politique de réalisations fastueuses, flattant un public de marchands parvenus. On avait plutôt le sens de la réussite immédiate que de l'avenir européen. Et en même temps — comme il arrive aux parvenus — il ne déplaisait pas d'ajouter aux ambitions mercantiles le décor des idées du jour. Or cette « grande politique » de libéraux, pour ses débuts, entraîna l'Angleterre dans un conflit passionné contre la Russie : le monde germanique n'eut pas lieu de s'en plaindre...

Ainsi éclata la guerre de Crimée : troisième épisode de la question d'Orient, depuis 1815. La Triple-Entente de 1827, si odieuse à l'Autriche, était déjà disloquée par les jalousies, quand nos amitiés égyptiennes en 1840 nous désignèrent à la vindicte générale, pour la satisfaction de Metternich et de la Prusse. En 1853, c'est le « géant slave » que l'Angleterre proposait d'arrêter sur la route de Constantinople. Cette fois encore, l'Autriche fut « moralement » avec les alliés ; la Prusse ne fit des réserves que pour la forme. Ici, le jeu était malaisé. Berlin alléguait des engagements avec Saint-Pétersbourg : la révolte polonaise de 1830 n'avait-elle pas rapproché les complices ? En tout cas, chez les Hohenzollern, on jugeait malhabile, périlleux, d'entrer en lutte ouverte avec l'Empire des tsars — suprême appui contre le démon occidental des Révolutions. La Prusse, donc, retint l'Autriche, sans lui interdire toutefois une adhésion tardive — toute platonique — à l'alliance anglo-française : excellente posture en attendant les événements. La Russie en effet fut harcelée par nos soins, si vivement que l'autoritaire Nicolas Ier, pressentant la défaite, alla au-devant de la mort. Son successeur Alexandre II vit tomber Sébastopol, et traita. Alors les plénipotentiaires de Vienne se mêlèrent à ceux des belligérants : et l'on régla prestement l'affaire balkanique au désavantage des Russes. On leur enleva la Bessarabie, on neutralisa la Mer Noire. Le contrôle des puissances se substituait à l'autorité du tsar sur les chrétiens de la péninsule. C'était à peine suffisant aux yeux de Palmerston : la guerre à la Russie était devenue populaire dans l'Angleterre « libérale »..... Pendant ce temps, l'Autriche se voyait préservée du rival moscovite, à bon compte : elle pouvait s'occuper de ses affaires intérieures et de l'Occident.

Le réveil militaire de la France faillit compromettre cette diplomatie germanique de tout repos. Rebondissant encore après trois Révolutions, le ressort de notre énergie nationale surprenait une fois de plus les prévisions de nos ennemis. Napoléon III, il est vrai, malgré les souvenirs du premier Empire, n'était pas aimé des libéraux, avant même le coup d'État du 2 décembre 1851 : leur beau rêve « social » de 48 avait sombré dans l'anarchie, déterminant la répression sanglante qui marqua les Journées de Juin : comme ils ne pouvaient s'en consoler, ils chargèrent de leur rancune le régime de réaction qui s'imposa. Celui-ci ne s'installa point selon la légalité parfaite ; et il recourut souvent, pour durer, à des moyens peu avouables. On avait beaucoup pardonné au grand Napoléon : mais le neveu — ou plutôt sa bigote épouse — par son attitude papiste dans la question romaine, se compromit décidément aux yeux des anticléricaux. Les républicains rompirent avec un bonapartisme devenu ultra-montain. Les concessions libérales de l'Empereur, vers 1859, ne désarmeront pas les « radicaux » : elles ne réussiront qu'à lui aliéner les catholiques intransigeants. *Ainsi, des deux côtés, la lutte des partis commençait à saper cette nouvelle restauration d'un régime d'autorité.* Les arguments de politique intérieure, religieuse, allaient rendre singulièrement ardue la tâche du second Empire, en intervenant même dans les affaires extérieures. De plus en plus, *les débats de la « vie publique » tendaient à prévaloir sur la vie nationale, à lui créer des embarras.* Malgré cette cause de faiblesse irrémédiable, *malgré ce déchirement intérieur* qui remontait à la crise profonde d'avant 1789, *le second Empire, par quelques illusions stimulantes, ranima le goût des entreprises.* Une diplomatie d'apparat, des plans « européens » d'après le « grand principe des nationalités », quelques victoires évoquant l'épopée inoubliable : et l'énergie française, si facile à galvaniser, vibra d'une ardeur nouvelle. Nos voisins, devant ce relèvement inattendu, acceptèrent avec méfiance le fait accompli. Sans doute le plus hostile à Napoléon III, l'autocrate Nicolas Ier, était mort de sa défaite ; la guerre de Crimée grandissait notre « usurpateur » ; le Congrès de Paris, en 1856, fut fêté avec éclat. Mais l'Austro-Allemagne se sentait en danger. Elle se méfiait, plus que toute autre, des généreux élans de cette France qui si souvent s'était mise en travers de ses menées ténébreuses. D'instinct, elle savait que dans une Europe si distraite du péril germanique un sursaut de l'opinion à Paris pouvait tout gâter, troubler cette sournoise quiétude, démasquer les perpétuels oppresseurs, et secouer peut-être la fausse torpeur des nations. Déjà, l'expédition de Crimée était à peine finie, que Napoléon III proposait de soulever la Pologne, la Hongrie..... pour reprendre la rive gauche du Rhin, à la faveur de complications orientales. L'idée, qui ne manquait pas d'ampleur, résumait nos meilleures traditions. Mais l'Europe le vit trop bien : Napoléon l'inquiétait imprudemment, sans avoir encore les moyens de déchirer les traités de 1815. *Les grands principes ne suffisent pas, quelle que soit la gloire qu'ils évoquent : c'est dans le choix des occasions que se révèle le coup d'œil du génie.*

L'Angleterre, tout de suite en défiance, surveillait son alliée de la veille. D'autre part, tout rapprochement durable entre Napoléon III et le nouveau tsar, au lendemain de la prise de Sébastopol, eût supposé de notre part une extrême prudence dans la question polonaise : c'était trop demander à la France du second Empire. *Partout*, du reste, *elle exagéra ses meilleures intentions*, *gâcha ses plus belles forces, tarda trop ou dépassa la mesure. Elle ne manquait pourtant ni d'esprit, ni de courage, ni de ressources matérielles. Que lui manquait-il donc ? Cette discipline morale qui maintient les grands États.* Jamais l'industrie et le capitalisme ne prirent un essor si soudain, jamais peut-être on ne vit tel étalage de prospérité : or jamais — du moins jusqu'alors — le gaspillage ne fut plus effréné ; ni le luxe, plus étourdissant ; jamais la finance n'envahit les mœurs avec plus de cynisme. Cet empoisonnement de l'esprit public, au sein même de l'abondance, s'appelle de la corruption : à moins qu'on ne préfère lui garder le nom de *Décadence.* Qui eût apporté le remède ? Les partis extrêmes, étreignant des deux côtés un régime compromis, se flattent toujours de guérir le pays en étouffant d'abord l'autorité. Mais précisément l'une des plaies de la France d'alors était cette scission profonde, cet *état latent de guerre civile, jusqu'en face de l'ennemi.* Ajoutons que les guérisseurs les plus sûrs d'eux-mêmes, ceux qui recommandaient la cure la plus « radicale » par la méthode parlementaire contre les maux du dedans et les « imprudences » au dehors, étaient les plus imprudents des idéologues : au cours du XIXe siècle, ils ont passé à côté du péril prussien, en lui souriant avec sympathie. Le feu était à nos portes, il allait incendier l'Europe : on songeait bien plus à des changements de ministère. Le pire despotisme étranger menaçait de nous coloniser : et on se querellait sur les garanties intérieures de l'idéale Liberté..... Dans sa méconnaissance des réalités européennes, l'esprit français se posait à lui-même des problèmes byzantins sur le régime idéal, au lieu de veiller à la sécurité du pays.

En cette époque fiévreuse, où l'Allemagne armait son germanisme de tout un matériel d'industrie et de science, tout le génie patient de notre « grande nation » n'eût pas été de trop pour parer à la catastrophe. Mais l'activité se gaspillait en démonstrations anarchiques : les bons utopistes, rendus furieux contre le régime, rêvaient d'émeutes, pendant qu'Henri Rochefort amusait la galerie par ses boutades. Et Gambetta lui-même, avant de devenir le tribun du patriotisme, proposait à ses électeurs « la suppression des armées permanentes »... — Enfin, parmi les causes de 1870, n'oublions pas les illusions de l'Empereur lui-même, l'idéologie de sa « grande politique ». Le principe républicain des nationalités semble tenir le premier rôle, dans les projets ambitieux de ce rêveur intrigant. Despote capricieux, il joue au continuateur de la « diplomatie » révolutionnaire, et de l'épopée du grand Napoléon. Mais ce continuateur a connu le romantisme — qu'il affecte de dédaigner chez les autres. De plus, il règne sur la France jouisseuse et tristement sceptique du second Empire. Toutes ces influences successives, réminiscences de la première République et du coup d'État de brumaire, des conspirations carbonaristes et de la fièvre de 1830, puis la démoralisation finale, se reconnaissent dans l'Histoire de l'époque, dans la conduite de nos affaires extérieures. De là aussi, cette politique à facettes qui caractérise le versatile Empereur : de l'utopie, de l'arbitraire, des « combinazioni », bientôt de la lassitude, et malgré tout, çà et là, des gestes d'une générosité bien française. Dès le début, ces alternatives d'élans juvéniles et d'inquiétantes réticences, cette mobilité ambitieuse puis simplement morbide, n'avaient pas échappé à l'Europe : mais elle n'en aperçut point d'emblée la faiblesse profonde. Le second Empire resta pour elle un objet de crainte et d'envie, jusqu'à la veille de nos désastres. Ce régime qui devait s'effondrer si vite sous les premiers coups de la Prusse, nous rendit victimes de la méfiance qu'il avait inutilement entretenue. Il ne sut pas se concilier à temps les puissances qui avaient mêmes intérêts que nous contre l'Allemagne, et qui nous plaignirent seulement après la défaite. C'est assez dire quelle fut la maladresse d'une telle diplomatie. Mais on voit que l'Europe n'était pas mieux inspirée. Elle a payé lourdement sa faute.

Les vastes projets de Napoléon III s'étaient fait jour dès la guerre de Crimée : ils en furent même une des causes. Et, si regrettable qu'ait été un conflit franco-slave, souhaité par l'Autriche, on doit reconnaître que la victoire nous valut une grande autorité dans les Balkans. A défaut d'un protectorat russe sur la chrétienté d'Orient, du moins l'influence française suffisait provisoirement à écarter le germanisme. Nous profitâmes de la docilité du sultan pour obtenir à Constantinople des réformes libérales, sans pousser ce libéralisme ottoman vers le procédé dangereux de l'insurrection militaire, qui nous jouera un si mauvais tour avec les « Jeunes-Turcs » fanatiques de 1908 : avant 1870, au contraire, l'introduction de nos mœurs politiques n'eut pour résultat que d'affaiblir l'autorité musulmane. Les chrétiens de Moldo-Valachie, de Serbie, de Grèce, eurent lieu de nous en remercier. Les premiers élurent un même prince, puis une Assemblée en 1862. Ceux de Serbie venaient de remplacer un chef austrophile par le vieux Miloch Obrenovitch, dont le fils Michel obtint grâce à nous l'évacuation des forteresses par les soldats turcs. Enfin la Grèce déposa son roi allemand, Othon de Bavière. La Crète, pour sa part, eut à grand'peine un gouvernement mixte, turco-crétois : ce n'était encore là qu'une demi-mesure ; mais les puissances civilisées, peu unies, n'osaient pas franchement régler entre elles la succession de « l'Homme malade ». En reculant partout devant les ennuis d'un règlement définitif, nous laissions le champ libre à une revanche sournoise des Austro-Allemands. Il en résulta, tôt ou tard, ce qui en devait résulter. A la faveur de cet état d'incertitude, ils se ménagèrent peu à peu, par leurs intrigues, de précieux avantages. La Roumanie fut circonvenue la première : le prince Couza et l'Assemblée n'ayant pas su s'entendre, c'est un Hohenzollern qui en profita ; or les alliés de 1914 ont pu apercevoir la portée lointaine d'une si preste substitution..... Le problème serbe, devant l'association austro-hongroise de 1867, était plus ardu. Ce petit État slave, qui renaissait à force de fidélité envers un passé glorieux, barrait à la monarchie dualiste sa principale voie d'expansion. Pourtant celle-ci ne pouvait supprimer l'importun, ressuscité par nous, et dont les cris de détresse eussent ameuté l'Europe. Il fallait aviser : à Vienne, comme du reste à Berlin, on connaissait l'utilité des embarras intérieurs suscités chez les voisins gênants. On s'employait donc, depuis le traité d'Andrinople, à contrecarrer l'influence russe, qui, assez maladroite, alarmait brutalement le patriotisme serbe. Or la rivalité des Obrenovitch et des descendants de Kara-Georges servait à souhait ces desseins ténébreux. Le prince Alexandre, indigne de son ancêtre le héros de l'indépendance, avait pactisé si honteusement avec l'Autriche et la Turquie, que la Skouptchina lui ôta le pouvoir en 1858. Les deux Obrenovitch qui ensuite se succédèrent eurent une politique trop nationale — surtout le second — pour ne pas gêner les complices de l'Autriche : le prince Michel fut assassiné (1868). Néanmoins son neveu Milan lui succéda. Malheureusement l'habitude des sombres intrigues et des drames sanglants devait troubler encore ce petit monde slave, qui avait tant besoin d'union et de paix intérieure. Ajoutons que les désordres dont Belgrade fut le théâtre firent grand tort à la réputation de nos amis, surtout auprès de Français mal informés, trompés par les calomnies viennoises. En vérité, l'admirable énergie des Serbes se débattait contre les embûches germano-hongroises, dissimulées, pour l'Occident, sous un voile de diplomatie bénigne. Tant que nous ne percions pas à jour l'hypocrisie autrichienne, les réalités balkaniques échappaient à notre vue. Telle sera l'erreur, surtout, à la veille de 1914, quand le germanisme de Berlin, pour mieux masquer son travail d'expansion, entretiendra les illusions françaises sur l'Orient européen... Avant 1870, l'immixtion autrichienne se bornait aux sourdes intrigues, à cette besogne négative : refouler les Moscovites, descendus plusieurs fois jusqu'aux portes de Constantinople, et se servir contre eux de la jalousie anglaise. Seulement, par suite de l'expédition de Crimée, Napoléon avait pris, dans le « concert des puissances », le rang qui convenait au principal vainqueur : et, plus que l'Angleterre, c'est la France qui avec sa générosité expansive menaçait de faire la clarté dans les Balkans. Alors que par ailleurs la situation s'embrouillait si « heureusement » pour l'ennemi, alors que le « géant moscovite » à la vue courte s'embarrassait dans les obstacles dressés par l'Autriche, et que les affranchis mettaient eux-mêmes le feu à leur maison, un libérateur apparaissait sur le seuil, sans avidité ni haine : et sa présence arrêtait les détrousseurs de cadavres. Tel était le cas en Serbie, où durant des années le nom de la France fut plus populaire que celui du « protecteur slave » : cette sincère amitié, du reste, ne s'est jamais démentie. Quelle n'eût pas été là-bas notre force, avec une diplomatie persévérante, soutenue chez nous par une opinion publique éclairée ! Voilà bien ce qui nous manquait le plus. L'éducation politique, en France, ne tendait ni à la connaissance de l'Europe réelle, ni à la coordination des efforts. Notre Enseignement, tout absorbé par les réformes libérales de Duruy, laissait venir sans défiance le danger prussien : comment redouter une Allemagne si bien parée d'un masque de science et de vertu par le libéralisme romantique de Mme de Staël ? Ainsi l'on s'acheminait à la catastrophe, dans un rêve de sécurité trompeuse, et même en se reposant volontiers sur la sympathie des nations. Certes, nous avions trop fait en leur faveur, dans le passé, pour que notre sort pût les laisser indifférentes. De petits peuples nous aimaient ; de grands peuples compatirent à nos malheurs. Mais les alliances efficaces ne s'improvisent pas aux heures de péril. Elles sont comme toutes les ressources de la force d'un État : il y faut consacrer à temps son intelligence et sa peine.

Nulle part cette diplomatie libérale et imprévoyante

ne fut plus follement dupe de ses grands gestes, que dans la question italienne. La plus magnifique application du principe des nationalités, au prix du sang des nôtres, faillit se retourner contre la France : et nous dûmes nous estimer heureux, quelques années plus tard, de n'avoir pas une guerre avec nos obligés de la veille, devenus pour un temps nos ennemis... Dès notre entrée en lice pour la liberté de l'Italie, une hésitation incessante, une coupable incohérence, vinrent réduire à néant l'œuvre brillante de nos soldats. La faute en incombe du reste, pour une bonne part, au caractère personnel de Napoléon III, mais aussi aux tiraillements que lui infligeait la lutte des partis. Or, tandis que notre chef indécis balançait entre la logique de l'action et la crainte des menaces intérieures, nos jeunes alliés de Piémont réalisaient avec vigueur le plan d'un bon ministre. Cavour savait ce qu'il voulait : peut-on en dire autant de Napoléon ? Aussi la direction des événements lui échappa. La libération de l'Italie aurait dû servir à notre grandeur ; et de fait elle nous rapporta deux territoires. Mais au lieu de consolider notre situation européenne, elle finit par nous créer des embarras, dont la Prusse profita sur-le-champ. Et l'Italie, dès ce moment, perdit elle aussi cette belle maîtrise que lui avait donnée Cavour, pour se prendre d'elle-même dans les rêts tendus par le germanisme. Elle eut à souffrir, comme nous, de la défaillance de notre énergie nationale ; car l'esprit français, en s'abusant lui-même au sujet de l'Allemagne, fit tort à l'Europe entière : ce fut comme une grande clarté qui s'obscurcit.

Cavour avait littéralement dirigé de main de maître la volonté de Napoléon III. Il saisit plus vite que son partenaire l'ensemble du problème. Il comprit surtout les dispositions de notre impérial idéaliste, prêt à se leurrer de « réalisations » lointaines. Il feignit d'entrer dans ses plans, le flatta, lui laissa croire que l'œuvre piémontaise serait une œuvre napoléonienne. Bref, il lui confia, par voie de suggestion, le soin de pourvoir à la grandeur de la maison de Savoie... Victor-Emmanuel fut bien servi. Ce souverain était homme de bon sens ; et son petit-fils, qui règne aujourd'hui, s'est montré digne d'un tel aïeul. La situation, à vrai dire, paraissait plus nette vers 1852 qu'en 1914 ; cependant, si l'Autriche était bien l'ennemie tacitement, quand Cavour fut appelé au pouvoir, l'amitié française restait à l'état de vague intention ; et enfin l'unité italienne était encore à faire. Aussi l'habile ministre ne voulut-il rien brusquer. Mais, pour forcer l'attention des puissances, pour relever l'autorité du petit royaume sarde, il manœuvra un peu comme le Grand Électeur. De même que la Prusse avait pratiqué l'art des alliances fructueuses, le Piémont sentit l'utilité de s'associer à de grands États : en prenant le parti du plus fort, on trouve bien quelque chose à ramasser dans la bagarre... Il s'agissait essentiellement de faire assumer à Napoléon III une dette de reconnaissance : on espérait que le généreux seigneur ne pourrait oublier le dévouement si « désintéressé » de ses jeunes amis... Cavour envoya donc un corps expéditionnaire montrer les couleurs piémontaises en Crimée : ceci n'avait rien d'une politique d'aventures ; il jouait à l'Europe un « air de bravoure », pour nous tendre ensuite la main plus hardiment. Au pays de Machiavel, les beaux gestes n'excluent pas le réalisme en diplomatie : ils lui donnent une parure d'élégance. On pratique avec poésie l' « égoïsme sacré »... Quoi qu'il en soit, les 15.000 Italiens firent assez bonne figure à la Tchernaïa pour qu'on s'intéressât au Piémont : il avait prouvé sa valeur.

Pourtant Napoléon hésitait encore : il craignait de mécontenter en France le parti catholique ; car l'unité italienne ne se ferait pas sans déposséder le pape. Ceci encore, Cavour le savait bien ; et c'est pourquoi il comptait sur les libéraux de la péninsule. Du reste, l'agitation unitaire avait un faux air de Révolution. On se l'explique : les souvenirs de la Révolution française avaient allumé dans les cœurs l'enthousiasme pour la liberté nationale ; or l'Autriche, depuis 1815, symbolisait toutes les réactions : l'Idée italienne resta donc attachée à la magie des Droits de l'Homme, contre l'oppresseur, allié au pouvoir temporel des papes. En 1849, les patriotes avaient proclamé la République romaine, en même temps que le Piémont disputait aux Autrichiens la Lombardo-Vénétie. Ainsi les libéraux insurgés rivalisaient de zèle avec la monarchie sarde, dans les luttes pour l'indépendance. Qui ferait l'Unité de l'Italie nouvelle ? Le roi, pour n'être pas devancé par les républicains, devait se hâter de leur plaire. Il leur avait été suspect : un peu moins toutefois que celui de Naples et que le grand-duc de Toscane. Enfin, par patriotisme, Mazzini et Manin firent taire leurs préférences politiques. Seul Garibaldi, fougueux adversaire des monarques, restait un rival gênant pour l'ambition de Cavour. Mais le ministre, hardi avec habileté, finit par entraîner tout le monde : Napoléon, les Révolutionnaires, et Garibaldi lui-même. Vis-à-vis de la France, il avait réparé l'étourderie de Charles-Albert, si funeste aux intérêts du Piémont. « Italia fara da se ! » : Cette présomption avait coûté les deux défaites de Custozza et de Novare ; et les soldats français de la deuxième République étaient intervenus contre les républicains de Rome : fallait-il que les patriotes italiens eussent manqué de diplomatie !... Non. l'Italie ne se ferait point par elle-même ; la maison de Savoie ne pouvait impunément se passer de son généreux voisin. Elle devait rompre, au plus tôt, l'absurde accord austro-français. La difficulté résidait dans la question romaine : le pouvoir temporel du pape étant soutenu par nos ultramontains. En somme, l'essentiel était d'influencer Napoléon. On a vu comment Cavour s'y employa : il s'insinua dans notre alliance, en même temps qu'il s'imposait à la considération de l'Europe : ce fut un joli tour d'adresse — et de force — accompli grâce à la guerre de Crimée. Le Congrès de Paris eut son épilogue, deux ans après, à l'entrevue de Plombières (1858). Cavour « tenait » Napoléon. Tel un pygmée qui mène un colosse, le Piémont nous entraînait dans « sa » guerre. Lui tiendra-t-on rigueur d'avoir berné quelque peu notre souverain crédule ? Verra-t-on de la perfidie dans cet « égoïsme sacré ? » En tous cas, on ne saurait nier le réalisme de cette politique. *De jeunes États comme le Piémont — et plus cyniquement la Prusse — ont appris à voir dans la guerre une affaire nationale à bien combiner, en cet âge de fer où nous vivons :* l'Histoire dira qui eut tort... En tous cas, on connaît la parfaite réussite du plan de Cavour, la résurrection d'une grande Italie. Mais ce qui n'est pas moins beau, c'est la part que nous y avons prise : œuvre assez chimérique, telle que Napoléon la conçut ; œuvre pourtant naturelle et nécessaire. Toutes nos traditions nous la conseillaient ; notre intérêt aussi. Et, malgré les fautes de part et d'autre, nous n'avons pas lieu de nous en repentir : l'Italie encore moins... Nous devions chasser du sol latin les Germains d'Autriche, qui nous menaçaient sans cesse par ce détour. Quelle revanche sur les traités de 1815! nous brisions par le sud l'encerclement ennemi. Par malheur, sur ce thème national, notre principal exécutant a brodé des variations d'idéologie : et ce n'est pas l'opinion publique de France qui l'eût remis dans la voie du réalisme. Aussi l'exécution fut-elle incohérente. Elle présenta du moins quelques développements d'une heureuse venue. La campagne d'Italie, cette fois encore, prit une ampleur d'épopée (1859) : elle évoquait Bonaparte désignant les plaines lombardes aux soldats de la Révolution ; il s'agissait de ravir pour toujours ces vallées fertiles aux descendants de Charles-Quint, revenus en maîtres après 1815. L'éclat de nos victoires, sur cette terre classique, se propagea sur le vieux monde comme un lumineux triomphe de nos armes et de nos idées, avant l'âge sombre du germanisme. Ce ne fut pas en vain : les vainqueurs de Magenta et de Solférino, vrais fondateurs du royaume d'Italie, donnaient à la civilisation un nouveau rempart pour les luttes prochaines.

« Un bienfait n'est jamais perdu », dit la sagesse des nations : mais justement *les nations, dans la lutte pour l'existence, ne peuvent se permettre qu'une générosité bien placée ; il est toujours souhaitable que les belles actions servent à garantir matériellement l'autorité morale du bienfaiteur. Que le plus digne soit le plus fort : la justice internationale a tout à y gagner. Le désintéressement devient de l'utopie, quand il conduit à l'abdication d'un grand peuple...*

Assurément Napoléon eut assez de bon sens pour annexer la Savoie et Nice, selon le vœu des populations intéressées (1860) ; mais il se contenta trop aisément de cet avantage immédiat. A vrai dire, il était déçu : l'orientation de l'unité italienne le prenait au dépourvu ; ses victoires provoquaient un soulèvement général en faveur de la Maison de Savoie : il ne croyait pas avoir si bien travaillé pour Cavour. Donc, par déception, par irrésolution aussi, par une mollesse coupable, il laissa se relâcher les liens précieux d'une fraternité d'armes qui avait coûté tant de beau sang français. La jeune Italie, d'un ombrageux amour-propre, eût été bien difficile à tenir en tutelle par persuasion : or Napoléon commit l'imprudence de la vexer. Légèrement humiliée déjà par le geste protecteur, elle s'arrêta soudain, quand le sauveur parla en maître pour réfréner les aspirations nationales après les avoir servies. On aperçoit ici toute l'incohérence de notre diplomatie hasardeuse, qui se détruisait elle-même comme à plaisir. Et naturellement, des scrupules de politique intérieure en étaient cause. Si Napoléon s'offusquait déjà de l'insolent succès du Piémont — et le laissait trop voir à Cavour —, le parti de l'impératrice tenait encore davantage à sauver les États de l'Église : double motif pour vouloir arrêter notre allié impétueux. Nulle maladresse ne pouvait le blesser plus vainement : il passa outre. Malgré le traité de Villafranca, qui ne lui cédait — indirectement — que la Lombardie (1859), il trouva un prétexte pour s'emparer de Naples : et le royaume d'Italie fut proclamé (1861). Napoléon, bon gré mal gré, se laissait arracher son consentement : ce qui lui en ôtait tout le bénéfice moral, aux yeux des Italiens.

Du reste, il persistait à leur disputer Rome, leur capitale historique : c'est sous la pression de graves événements européens, après une défaite diplomatique dans la question danoise — donc, trop tard encore — qu'il se résigna à rappeler la garnison française de la « Ville Éternelle » (1864). Le pape se montra profondément froissé de cet abandon. Allions-nous du moins voir revenir à nous les sympathies italiennes? Hélas ! la Prusse les captait déjà ; elle nous débauchait nos alliés : on eût pu y voir un signe précurseur de la débâcle. *Ce qui nous échappait ainsi, c'était l'illusion de diriger les affaires européennes : illusion recouvrée depuis la guerre de Crimée, mais toujours démentie par la présence d'un bloc germanique au centre de l'Europe.*

De 1815 *à* 1864, *le Germanisme s'était recueilli, surveillant les États voisins, les séparant : gagnant du temps pour sa besogne de discipline, pour ses conflits intérieurs, presque réglés après la brève anarchie de* 1848. A la faveur des précautions de 1815, il avait exploité notre impuissance relative, et les divisions de l'Europe. Résumons les phases de cette *hégémonie déguisée.* D'abord, ce fut *l'œuvre de police exercée par Metternich* au nom de la Sainte-Alliance : la surveillance des nations opprimées. D'autre part, vis-à-vis des puissances, *l'Autriche, divisant pour mieux régner, avait manœuvré parmi les complications orientales* : opposant les Anglais aux Russes, puis déjouant l'influence française après la guerre de Crimée. *Or, au milieu de ces efforts d'équilibre*, l'écho lointain des Révolutions françaises, surtout en 48, l'élan des peuples vers la liberté nationale, rendit plus pressantes pour l'Austro-

Allemagne ses difficultés intestines : *le problème de l'Unité allemande s'imposait à elle, en même temps qu'un problème plus général d'organisation et de discipline. Le moment était venu pour le Germanisme — celui des philosophes romantiques et des patriotes de* 1813 — *d'achever son œuvre intérieure : de constituer une Allemagne impériale sur la base de l'État prussien.* Une nouvelle phase commence ; elle semblera courte : l'Europe n'en a guère aperçu qu'une joûte rapide, la passe d'armes de 1866 entre les deux rivales — Autriche et Prusse. En réalité, cette période s'étend du lendemain de 1848 à janvier 1871 : depuis le mouvement « unitaire » jusqu'à la réalisation de l'unité.

La réunion d'un Parlement national à Francfort, en mai 1848, posait publiquement la question : Qui serait le souverain du prochain Empire ? lequel des deux États allemands prédominerait dans la nouvelle Allemagne ? — *la Prusse*, sans nul doute, — eût répondu l'Histoire : la Prusse, cynique autant que l'Autriche était perfide, et, en outre, mieux douée pour l'action, servie par son labeur intellectuel, par ses Universités, par son protestantisme d'État, en un mot, par un *fanatisme plus moderne.* Pourtant elle atermoya, perdit un temps précieux, compromit son avenir. Après 1815, une fois passée la crise aiguë de son délire romantique, on eût dit que l'esprit allemand traversait une période d'incertitude, de fluctuations politiques, comme la France vers la fin de la Restauration. La Prusse elle-même était assez partagée. On y reconnaissait à peine ce vigoureux enthousiasme qui avait présidé à la genèse du germanisme, cette ambition à la fois mystique et pratique qui caractérisa la Réforme de Kant et la nouvelle religion d'État. L'élan donné par le Kantisme aux préparateurs du relèvement national de 1813 paraissait se ralentir dès la victoire. En fait, une fois la France abattue, on se trouva moins d'accord : d'ailleurs l'unité allemande est chose factice, résultat d'une exaltation voulue pour l'intérêt collectif ; par suite la paix extérieure, éloignant le péril, raviva les dissensions. On s'aperçut que les uns travaillaient à une Sainte-Alliance moyen âgeuse, tandis que des libéraux, infidèles disciples de la France révolutionnaire, avaient réellement espéré, en nous combattant, gagner des libertés. Y avait-il donc deux Allemagnes, celle du Moyen Age et celle des idées modernes ? se séparaient-elles de nouveau, malgré l'habile combinaison des philosophes romantiques ? On put le croire, en voyant des patriotes de 1813 exilés après 1815, puis la « Jeune-Allemagne » révoltée contre l'absolutisme prussien, enfin, en 48, les démocrates insurgés à Berlin. C'est à un moment si critique pour la Prusse que se réunit le Parlement national de Francfort (mai 48). La discorde régnait même dans le camp des intellectuels : la Philosophie, base du système, se scindait. Hegel, glorifiant l'État prussien comme « Staat » idéal, avait exercé de 1818 à 31 une véritable magistrature à l'Université de Berlin ; mais son école se fractionnait déjà ; une droite, un centre, une gauche hégéliennes se séparèrent : on y vit des absolutistes et des démocrates. Car au fond, ce mysticisme social légitimait aussi bien, à volonté, le culte des appétits collectifs que celui de l'autorité absolue. « Besoins du ventre » et besoins de l'ambition pouvaient si aisément s'accorder ! Germanisme de la Sociale-Démocratie, ou germanisme des « surhommes » romantiques, comme tout cela se réconcilierait vite pour les profits et l'orgueil de la conquête, pour l'expansion sur le monde... On voit combien était superficielle la scission des partis, à la veille de 48. L'agitation politique, le désarroi passager du pouvoir royal, ne sauraient faire illusion sur cette piètre menace « révolutionnaire ». Les grandes idées venues de France, nos voisins les interprétaient selon leur tempérament et leurs habitudes d'esprit : il eût fallu en tenir compte pour bien juger ce qui se passait à Berlin ou à Francfort : l'erreur idéaliste, chez nos républicains, fut de croire en l'universelle vertu des « principes », ou des mots qui les traduisaient à nos yeux : et de concevoir trop promptement une humanité à la française. L'expérience des réalités allemandes, ici, faisait souvent défaut, à travers le verbiage éclectique des littérateurs et le libéralisme souriant des historiens... Ainsi l'Allemagne de 1848, en dépit des illusions qu'elle pouvait nous donner, n'était pas très loin de l'unité nationale. Le mouvement réformiste puisait sa force, en dernier ressort, dans les théories des professeurs d'Universités, dans leurs conceptions un peu divergentes du « Staat » idéal. Or tous ces intellectuels avaient subi l'empreinte du Kantisme, et, plus ou moins directement, de la discipline prussienne. Bien peu, parmi les historiens ou les poètes libéraux de cette génération, ont boudé toute leur vie une Prusse triomphante. On voit donc ce qui manquait à ces mécontents, à ces « consciences » inquiètes, aux démocrates ou constitutionnels de la « Révolution » allemande de 48. Résumons-le d'un mot : il ne leur manquait qu'un Bismarck.

La royauté prussienne, de son côté, n'était pas dans ses plus heureux jours. Au médiocre époux de la reine Louise — morte depuis longtemps — venait de succéder en 1840 Frédéric-Guillaume IV, absolutiste farouche, qui devait finir dans la folie. Ce n'était pas le souverain retors, maître de lui, le nouveau Frédéric II qui eût rallié à son État les forces dissidentes de l'Allemagne moderne. Il s'emporta, heurta de front les « Révolutionnaires » — dont il avait horreur ; choqua le sentiment national — qui lui inspirait de la méfiance ; enfin faillit trop tôt se brouiller avec l'Autriche — après lui avoir beaucoup sacrifié. Pourtant, à défaut de talent politique, ce Hohenzollern avait gardé la plus sûre tradition de sa famille, le moyen le plus efficace de s'imposer à l'Allemagne : précisément, la conscience de son autorité, et le sentiment de la force prussienne ; cela devait primer, aux yeux des « nationaux-libéraux », les plus beaux arguments de quelques démocrates. — Après la journée du 18 mars à Berlin, le « roi-mitraille », certes, n'était pas populaire dans le pays : les Rhénans, comme les républicains du sud, ne voulaient pas de l'Allemagne des Hohenzollern. Le Parlement de Francfort resta donc perplexe : Ah ! si Frédéric-Guillaume se fût montré moins intransigeant, comme on eût assoupli les « principes »... Bismarck ne fera pas tant de façons avec les libéraux : et après le succès de 70 ils lui seront tout acquis ; pour les convaincre, il n'était rien de tel que de se montrer le plus fort. L'aveugle entêtement du roi, la raideur obstinée de ses principes, n'empêchèrent point une majorité, à l'Assemblée de Francfort, de lui offrir la couronne impériale (mars 1849) : le parti « kleindeutsch », celui de la petite Allemagne prussienne, l'emportait sur l'autre, qui désirait englober tous les États autrichiens. C'est Frédéric-Guillaume qui fit échouer le projet de ses partisans. Il ne voulait en aucune façon de cet Empire constitutionnel, cadeau d'un vil Parlement. N'était-il pas le souverain de la Prusse féodale, où il venait de brider si bien les démocrates par une parodie de système électoral : la loi « des trois classes », avantageuse aux riches ; et le scrutin oral, permettant d'intimider l'électeur ? Cette réaction facile avait accru le mépris du roi pour les régimes d'opinion publique et de suffrage universel : d'ailleurs Bismarck, alternant l'hypocrisie et le cynisme, présidera aux agitations parlementaires avec une hautaine ironie ; enfin Guillaume II, aussi peu dupe, continuera cette utile comédie d'un Reichstag élu par le peuple, et dominé par le Chancelier de l'Empereur... En 1849, non seulement Frédéric-Guillaume dédaigna la couronne allemande, offerte d' « en bas » par les députés, mais il s'employa à rétablir l'autorité des princes, dans toute l'Allemagne. La dignité impériale, pensait-il, se conquiert de haute lutte, sur les champs de bataille : et, pour commencer, il envoyait ses troupes contre les insurgés de Dresde et du Palatinat. Le Parlement de Francfort avait vécu... Restait l'Autriche. Ici, l'adversaire était de taille, et ne s'en laisserait pas imposer. La Prusse avait intérêt à réserver le conflit pour une heure plus propice. Les États allemands, ses voisins, la tenaient en suspicion : le Habsbourg de Vienne, sérieusement inquiet, cherchait à humilier le Hohenzollern de Berlin ; et les autres princes, membres de la Diète, jalousaient leur rival, ce « parvenu ». Frédéric-Guillaume, à ce moment, voulut brusquer les choses : puis il céda (octobre 1850). Mais alors Bismarck apparut au premier plan.

Othon de Bismarck-Schoenhausen, hobereau piétiste, était en même temps un réaliste sans scrupules. L'un n'excluait pas l'autre. Se croire l'ouvrier surhumain des « divines » destinées de la Prusse : quel mirage pour s'absoudre de toutes ses perfidies, quelle ivresse d'orgueil pour noyer l'amertume d'une vie implacable. Ainsi le « vieux-prussien » fanatique encourageait en lui le diplomate retors, rompu à l'expérience des affaires. *Cet homme d'action allait en effet assouplir le Germanisme, le faire redescendre des cimes théoriques de la Sainte-Alliance, ramener les Hohenzollern aux apparences d'une royauté moderne, avec tout le cynisme d'un Frédéric II* : en résumé, rendre à l'immuable ambition prussienne toutes ses facultés d'industrieuse intrigue, pour le bon mécanisme de l'État. *L'œuvre de Luther puis de la Philosophie Kantienne, cette fusion du Mystique et du Pratique, il la réaliserait à sa façon, par des moyens politiques, et brutalement : mais, de nouveau, l'unité « morale » de l'Allemagne devait en surgir.* — L'entreprise exigeait autant d'énergie que de méthode : Bismarck s'y appliqua ; rien ne put l'en détourner : ni les cabales d'une camarilla engoncée dans l'absolutisme, ni l'opposition des libéraux — dont la violence n'aura d'égale que leur platitude après le succès. La véritable raison de sa force est qu'il dominait ses adversaires : mieux que quiconque, il se rendait compte de la situation ; il le savait, et n'en concevait que plus d'assurance, plus de dédain pour tous, même pour son roi. Lui seul pouvait embrasser d'une même vue les conditions intérieures et extérieures de l'Unité allemande :

parce que lui seul les étudia sur place, par expérience directe. D'abord simple député à la Diète prussienne, il s'instruisit peu à peu dans tous les postes utiles d'Allemagne et d'Europe. Ce hobereau qui méprisait l' « opinion » commença par la scruter à loisir, partout où il passa, afin de la manier en connaisseur et en maître. Et, si nous mettons à part certaines erreurs grossières de psychologie, nous concernant, il faut reconnaître que le succès immédiat justifia ses prévisions. Soit comme représentant de la Prusse à la Diète de Francfort, entre 1852 et 59, soit comme ambassadeur à Paris et à Saint-Pétersbourg, ou enfin comme président du Conseil des ministres à Berlin depuis 1862, nous le voyons, sûr de lui-même, combinant les préparatifs des scènes décisives de 66 et de 70. Il n'ignorait pas les ressources formidables que recélait déjà le fanatisme prussien en sa discipline, fruit de l'éducation nationale. Mais cet instrument, il devait l'adapter aux problèmes du jour. Après les troubles de 49, la tâche n'allait pas sans difficultés : d'un côté, la camarilla du roi ; de l'autre, l'Allemagne éparpillée, incertaine, déconcertée par une politique d'hésitations et de brusqueries. La Prusse, néanmoins, disposait de puissants atouts. Son Union douanière, le Zollverein, permettait de tenir en mains les intérêts matériels de presque tous les États secondaires, dès 1836. Et d'autre part la fameuse « Culture » de ses théologiens et de ses philosophes lui avait assuré en général la collaboration précieuse des professeurs d'Universités. Au fond, ni la docilité des masses, ni même l'enthousiasme, ne faisaient défaut : pour les entraîner, la force prussienne n'avait besoin que d'une direction compétente. La réalisation des rêves du Germanisme fut une œuvre d'expérience et de labeur.

Cette œuvre se présentait à Bismarck sous un triple aspect : *tenir en respect l'opinion publique, bien manœuvrer vis-à-vis de l'Autriche, et endormir l'Europe*. A l'intérieur, il ne se gêna point : à peine arrivé au pouvoir, il dompta la Chambre (1863) ; elle s'opposait à l'accroissement des forces militaires : il la renvoya : les libéraux furent réélus : il gouverna contre eux. Le nouveau roi Guillaume Ier, esprit borné mais souverain convaincu, rétif à ses heures, et tout de même subissant Bismarck, soutint sa manière forte. Contre l'Autriche, il fut plus difficile à décider. Bismarck prévoyait la guerre, il la voulait, depuis ses années de Francfort où il affectait de traiter en égal le représentant de Vienne. Mais, ce conflit nécessaire, il se réservait de l'engager dans les meilleures conditions : c'est-à-dire de telle sorte, que l'Europe n'eût pas à s'en mêler. Ce serait une lutte entre Etats allemands, pour donner un chef à l'Allemagne : affaire intérieure, qu'il convenait de régler au plus vite, et au bénéfice de la Prusse ; ensuite, tant pis pour les puissances qui l'auraient laissée agir... On voit, par un tel aperçu des projets de Bismarck, combien allait devenir dangereuse pour notre sécurité cette « Unité allemande », présentée et parfois accueillie chez nous comme l'innocente revendication d'un « bon peuple » ; combien donc était prudente et sensée, jadis, la « grande politique » d'influence française, pratiquée outre-Rhin grâce à la division des Allemagnes. En 1916, comment ne pas méditer cette leçon de l'Histoire : et comment ne pas l'avoir méditée plus tôt !

Substituant sa maîtrise à la nôtre, c'est Bismarck qui s'employait à diviser l'Europe... en attendant que l'impérialisme d'avant 1914 comptât sur les discordes intestines des Etats voisins pour faciliter le travail d'expansion. Au rebours du passé, c'est l'Allemagne qui se flatterait bientôt de « tenir sous main » les affaires de France dans le plus grand embarras. On voit que la vieille devise de notre diplomatie royale était conforme à la logique des choses, puisqu'elle s'imposa de même — mais retournée contre nous — aux yeux d'une Allemagne devenue en Europe ce que nous étions jadis. De ces deux peuples, séparés par le Rhin, l'un, celui de Germanie, avait gardé ses rudes instincts, sous une lourde érudition : rebelle à l'esprit de notre latinité aimable, il ne s'était pas assoupli ; il tenait à « rester lui-même », avec sa violence d'appétits, et ce mysticisme trouble, ambitieux, inquiétant, où il admirait toutes les « vertus » de son « génie ». Nous étions trop dissemblables : comment nous tolérer côte à côte, en voisins conciliants ? Il fallait que l'un des deux — le premier civilisé — profitât naguère de sa formation classique, de sa puissance, en un mot de l'avantage que lui procurait, pour l'action, la maturité de son esprit et de son Etat. Cette supériorité échut éminemment à la France du XVIIe siècle. Elle en profita, dans la mesure où l'Europe le permit, et même en dépit de l'Europe, tant que dura l'énergie morale du régime et de la nation. On a blâmé les procédés de Louis XIV et de ses ministres — Louvois et même Colbert : oublie-t-on qu'ils défendaient, par des moyens d'impérialisme, l'autorité de la France, la plus digne de respect ? L'avenir de l'humanité était en jeu, avec le nôtre, sur les champs de bataille où nous combattions. Car nous avions l'honneur, quelles que fussent nos fautes, de représenter la plus haute somme d'efforts pour la civilisation : coûteux honneur, qui nous a désignés les premiers aux coups de l'ambition prussienne ; *pour s'imposer à l'Europe, il fallait abattre la France.*

Le germanisme de Bismarck ne s'y trompa point : notre ennemi eut le sens aigu de cette irritante vérité ; il nous guettait, tenaillé d'une jalousie implacable sous l'ironie forcée de son rire tudesque : comme s'il eût senti confusément ce qui manquait à l'Allemagne pour devenir à son tour « la grande nation ». Assurément, « l'urbanité des façons anciennes », et cette souple énergie qui distingue le tempérament français, ne se remplacent point par des insolences de parvenu. Nous avons gardé à notre disposition quelques arguments diplomatiques, que l'Allemagne, avec beaucoup d'argent, de mensonges et de menaces, n'a pu annihiler dans la mémoire des peuples. Par malheur, toute la distinction et toutes les qualités éminentes que la France tenait de son passé, n'étaient guère mises en valeur par l'état politique et moral du second Empire. Nous avons énuméré les défauts dont elle souffrait alors : la prédominance des querelles intérieures sur les soucis de la défense nationale en est le trait le plus saillant. Le reste en découle : insouciance aveugle, complaisance envers notre pire ennemi... et soudain, devant le Prussien qui se démasque, une folle présomption qui précipitera la « débâcle ». Bismarck suivait des yeux ce jeu mortel de notre imprévoyance ; et, sans deviner toutes les ressources de l'âme française, il se rendait compte de nos dispositions du moment : ce qui suffisait à la réussite immédiate de ses calculs. D'où lui venait donc cette perspicacité relative ? de ce qu'il s'était donné la peine d'étudier chez eux ses adversaires. A travers ses préjugés de Germain, il les avait observés patiemment. Il pouvait se tromper dans l'estimation de leur valeur ; mais une chose lui importait : connaître. Et, à titre de renseignement, l'état de l'opinion française ne lui paraissait pas moins instructif que l'état de nos forces militaires. Cette méthode intégrale d'investigation, exercée chez l'adversaire, caractérise la Diplomatie du Germanisme. Epier le voisin jusque dans son esprit, dans ses mœurs, surprendre ses faiblesses en même temps que ses secrets militaires — et, autant que possible, encourager ces faiblesses, provoquer l'erreur, démoraliser pour frapper plus sûrement : voilà, en vérité, une diplomatie fort cynique mais bien moderne. La Prusse y était apte plus que toute autre, en sa perfidie traditionnelle : on se rappelle Frédéric II, se vantant de n'entrer en campagne que précédé d'une armée d'espions. Lui-même — par intérêt — ne négligeait aucune occasion de s'instruire au contact du voisin, de lui « emprunter » des compétences ; il nous étudiait à fond, en faisant l'aimable : par delà les armées en campagne, il entretenait ainsi, à demeure, des « intelligences » avec l'ennemi ; il n'ignorait pas le concours qu'il pouvait attendre des illusions de nos philosophes, et des sympathies du public français : il en bénéficia plusieurs fois. Le Prussien Bismarck, fidèle à la tradition, ne se réjouit pas moins du bon accueil qu'il trouva chez nous après Sadowa, comme vainqueur de l'Autriche « réactionnaire » : or ceci se passait à l'avant-veille de 70... Nous ne voyons là que le début d'une méthode, qui va se développer. En attendant le moment d'attaquer, la Prusse cherchait à agir sur l'esprit de l'adversaire, et par l'esprit. Quoi de plus prussien ? Les moyens intellectuels au service des intérêts de l'Etat, même dans les relations extérieures, pour le succès des armes et pour l'expansion sur le monde : tel est le rôle de la « Culture ». Mais, encore une fois, quoi de plus moderne ? *Il est évident que l'organisation d'un Etat dépend d'une véritable éducation nationale par la discipline et par le savoir ; et que sa puissance au dehors suppose de même vis-à-vis de l'étranger tout un labeur méthodique et savant. Tirer le meilleur rendement de la volonté et de l'esprit, dans la concurrence vitale avec les rivaux, rendre sa « Culture » plus pratique et plus habile manœuvrière que leur civilisation, c'est d'un réalisme indéniable.* Bismarck, en spéculant par expérience sur les dispositions de ses voisins, bien incapables d'en faire autant à son égard, recherchait un avantage moral et matériel pour les opérations futures. Manœuvrer intellectuellement l'adversaire, pour mieux l'amener au terrain de la défaite : ainsi s'élaborait une « grande politique » à la prussienne — machination savante qui s'aidera de toutes les ressources de la « Culture ». Avec le même réalisme, on « perfectionnait » l'art militaire, on préparait de longue main ses campagnes, en combinant tous les moyens efficaces. Détruire avec méthode, démoraliser, mais atteindre au plus vite son but, la victoire : autant de pratiques préméditées, dont la France idéaliste devait plus tard éprouver les effets avec stupeur. Bismarck comme diplomate, et Moltke à la tête du grand Etat-Major depuis 1858, étaient des précurseurs. Guillaume II, avec ses Bernhardi, ses Bulow, ses Mannesmann et ses Ostwald, variera les procédés : toujours en vue de circonvenir l'adversaire, de le surprendre, de l'anéantir. Cette préparation permanente, minutieuse, intégrale, cette guerre sournoise « avant la guerre », a pris de nos jours, en effet, plus de diversité et d'ampleur ; mais elle caractérise déjà la période décisive d'avant 70 : celle où Bismarck, dominant l'état politique, moral et intellectuel de l'Europe à l'insu des autres nations, était maître de choisir l'heure de la Prusse.

A cette haine persévérante, instruite et armée, qu'opposait la France ? une opinion publique égarée, divisée : dans les milieux « éclairés » — ou qui auraient dû l'être — la méconnaissance de nos intérêts européens ; chez les dirigeants, des alternatives de témérité et d'indolence ; des entreprises inconsidérées — l'expédition du Mexique, par exemple... et d'autre part la crainte sourde, inavouée, paralysante, de la menace prussienne que l'on sentait grandir. L'Empereur, malade, s'abandonnait à cette lassitude, entrecoupée de sursauts impuissants. On eût dit une véritable démoralisation d'avant-guerre, telle que la souhaitait Bismarck : Quel enseignement ! De plus, notre situation diplomatique aggravait le danger ; à la veille de 70, l'isolement de cette France qui avait renoué si brillamment avec les nations européennes, pouvait sembler paradoxal : ce n'était que le résultat de ses fautes, exploitées par un ennemi expert. Une belle œuvre nous restait acquise : la colonisation de l'Algérie ; or elle remontait à la fin de la Restauration : exactement, aux dernières semaines du règne de Charles X ; puis Bugeaud et le duc d'Aumale avaient eu raison d'Abd-el-Kader sous la monarchie de

Juillet : il ne restait au second Empire qu'à achever la conquête par la soumission de la Kabylie. Mais Napoléon III avait à son actif d'autres guerres plus coûteuses, plus retentissantes : quel profit en gardions-nous ? Nos succès en Crimée, au moins, nous avaient mis en bonne posture, surtout après la mort d'un tsar hostile; son successeur Alexandre II, autocrate capable de générosité, se rapprochait de nous ; nos intérêts balkaniques n'étaient pas foncièrement en opposition : et une entente pouvait déjouer les intrigues germaniques ; ceci n'eût pas fait l'affaire de Bismarck. Sur ces entrefaites Napoléon, peu adroit, lui fournit l'occasion de se concilier les bonnes grâces du tsar, à nos dépens : l'insurrection polonaise de 1863, en effet, eut pour résultat de renouveler entre Prusse et Russie la complicité séculaire, si fatale aux Slaves et à la France ; Napoléon III, en étendant vers les opprimés une main protectrice, se satisfaisait d'un beau geste inopportun : s'assurer d'abord l'amitié russe contre Bismarck eût été un meilleur moyen de sauver ensuite la Pologne... Vis-à-vis de l'Italie, sans doute, les exploits de nos troupes n'avaient pas été vains : non seulement nous y gagnions la Savoie et Nice, mais — autre gain pour notre sécurité même — c'en était fait de l'oppression autrichienne sur la péninsule. Et pourtant le germanisme allait s'y introduire par une voie détournée : en face de l'Autriche vaincue, grandissait la Prusse ; le centre du danger, pour les nations latines, se déplaçait manifestement de Vienne à Berlin : évolution d'ailleurs méconnue quoique déjà séculaire — avant le « fait accompli » de 1866. Les actes décisifs se succédèrent d'ailleurs avec d'autant plus de promptitude qu'ils avaient été laborieusement combinés. La Prusse, profitant de l'hésitation générale — ou même de sympathies — régla son compte avec l'Autriche, renversa les rôles en un tournemain... et l'Europe se vit en présence d'une Allemagne plus qu'à demi prussienne. Il était bien tard pour protester. Du reste Bismarck avait ses alliances, préparées de longue main, comme ses guerres; il pouvait passer au dernier acte : à ce moment la France, par une bravade intempestive, viendra s'offrir aux coups du bourreau.

Dans ce tour de force en plusieurs temps, la période d'exécution avait compris trois guerres : celles de 64, de 66, de 70. La première, contre le Danemark, préludait à la deuxième, contre l'Autriche : deux phases du même conflit austro-prussien pour l'hégémonie. Là, Bismarck affirmait en face des libéraux sa volonté de prendre les Duchés, non point au profit d'une vague Allemagne, mais pour la Prusse, directement : le condominium avec l'Autriche, après la victoire, ne fut à ses yeux qu'une solution d'attente, et un prétexte à querelle. Il en fit sortir la guerre de 66 : le sort de l'Allemagne se décida en quelques semaines de campagne, ou plus précisément dans la journée de Sadowa (3 juillet). Les Prussiens durent la victoire à leur mobilisation rapide, à leur armement supérieur : à un militarisme plus scientifique et moderne. Quant aux États moyens qui avaient soutenu le Habsbourg — surtout par aversion pour le Hohenzollern, ils n'eurent rien de plus pressé que d'implorer la paix, et d'entrer dans les combinaisons de Bismarck. D'abord la Prusse, entre autres acquisitions, annexa le Slesvig et le Holstein, le Hanovre, et la ville libre de Francfort ; le roi eut la présidence d'une confédération de l'Allemagne du Nord; restaient, au sud, quatre États dont on se fit des alliés. La paix de Prague, du 23 août 66, éliminait l'Autriche des affaires allemandes : déjà la Prusse commandait. — A quoi pensait donc l'Europe ? L'Europe laissait faire. Napoléon III, circonvenu par notre ennemi à l'entrevue de Biarritz, l'année précédente, croyait opportun de tolérer l'œuvre de Bismarck : ô fallacieux prestige du « principe des nationalités » ! avec un reste d'illusion envers la Prusse « libérale »..... Quand il voulut arrêter le vainqueur, il n'était plus temps ; et quand il spécula sur les profits d'une entente, Bismarck ne lui donna rien, mais réussit à le compromettre aux yeux des Rhénans et des Belges. D'autre part l'ennemi nous avait pris des mains l'alliance italienne, avec l'assentiment de Napoléon : c'est la Prusse, au lieu de la France, que la jeune Italie croyait voir à ses côtés, menant un même combat contre l'Autriche. Nos « frères latins » s'illusionnaient quelque peu : Bismarck laissa Napoléon leur transmettre bénévolement la Vénétie ; mais le hobereau-diplomate, tout prêt à reprendre un air rogue après le succès, marqua par son attitude aux préliminaires de Nikolsburg combien il trouvait exigeants ces alliés de la veille, battus à Custozza et Lissa, et qui revendiquaient Trieste. L'Italie, ainsi tenue à distance, n'en resta pas moins fidèle à ce sauveur suspect ; comment nous eût-elle rendu sa confiance ? Napoléon, si libéral envers la Prusse, se montrait ici inflexible comme nos catholiques ultramontains : notre général de Failly, venant au secours des troupes pontificales, repoussa Garibaldi à Mentana (1867) : et c'est là que « les chassepots firent merveille » ! Servir ses adversaires et désobliger ses amis : quelle incohérence ! Le résultat fut que Victor-Emmanuel attendit nos défaites de 70 pour entrer dans Rome : Napoléon, à la veille de Reichshoffen, refusait encore ! nous avions, pour longtemps, perdu nos alliés.....

Ainsi Bismarck avait tout arrangé pour le dernier acte, qui se joua tragiquement à nos frontières. Il était à peu près sûr de l'Allemagne ; et quant à l'Autriche, éliminée, elle ne se déciderait pas à prendre une revanche à nos côtés : Napoléon n'ayant pas su s'insinuer à temps dans le duel austro-prussien, comme la Prusse s'était immiscée entre nous et l'Italie. Enfin, alentour, l'état de l'Europe paraissait propice. Bismarck pensait bien tenir en respect Gortchakof, depuis l'entente de 1863 aux dépens de la Pologne. A l'ouest, l'autre grande puissance qui aurait pu nous aider, l'Angleterre, se contenterait de velléités tardives. Au sud, la question romaine divisait entre elles les deux « sœurs » latines. Dans les Balkans, quelques nuages trop lointains se disperseraient, et d'ailleurs l'Autriche formait rempart de ce côté. Surtout en France la situation était de nature à encourager l'ennemi : un vague pressentiment semblait peser sur le monde politique, depuis 67, mais la diplomatie de Napoléon se perdit en négociations avortées. Bismarck avait beau jeu ; quand vint l'affaire de la couronne d'Espagne, il acheva tant de précautions par la manœuvre suprême : l'agresseur se fit provoquer par sa victime, à l'heure qu'il avait choisie pour l'abattre.

Il avait calculé juste : le ministre Ollivier, si longtemps pacifique et conciliant, accepta soudain la guerre « d'un cœur léger ». « Nous sommes prêts, archi-prêts », affirmait à la Chambre le maréchal Lebœuf... Et soudain. devant les désastres, on s'en prit à la « Fatalité », on cria à la trahison. Notre meilleure armée était enfermée dans Metz avec Bazaine, médiocre et douteux — cet ancien favori de l'opinion. L'armée de Châlons, d'autre part, alla se jeter à l'aventure dans l'entonnoir de Sedan. La « Fatalité ». en cette « débâcle », n'était qu'une excuse commode pour un ensemble de fautes. Assurément, quelles que fussent les causes de démoralisation, la France avait encore des ressources de bravoure : et l'effort désespéré du tribun Gambetta lui rendit presque l'élan des belles initiatives du passé. Mais il est des victoires qu'un Carnot lui-même improviserait à peine : en face d'un ennemi préparé, outillé, instruit, prenant l'offensive, s'installant sur le sol, organisant sa conquête, ...se ressaisir? cela suppose un labeur équivalent au sien, mais en moins de temps, et avec quels moyens diminués! Enfin, même avec des prodiges d'intelligence et de souplesse, où est l'éducation nationale, celle qui coordonne les volontés? où est le régime efficace, celui qui discipline à loisir les ressources de toute nature, et qui ménage aux individus bien doués leur juste rôle dans un État fort? Quel homme, quel groupe, donnera en quelques mois toutes ces garanties? Heureusement l'adversaire discipliné, préparé, armé, est un Germain d'esprit souvent médiocre, et fanatique, et trop avide pour rester toujours bien prudent. Sa « barbarie cultivée » tombera-t-elle lourdement dans quelque série de mécomptes, les aggravant par sa fureur obstinée? Ses échecs de 1914, après la ruée foudroyante, prouvent qu'on peut arrêter le colosse... mais aussi qu'il revient à la charge : car ses arrêts ne sont que des feintes. A demi vainqueur, ou même vaincu, il poursuivra sa besogne séculaire, se poussant vers l'ouest, se poussant vers l'est, continuant sans trêve les grandes invasions, par la guerre ou la paix. Pour les parvenus de 70, nos vainqueurs, un si enivrant succès en appelait d'autres : le traité de Francfort, avec l'Alsace-Lorraine et les cinq milliards, représentait un premier gage à faire fructifier. Le nouvel Empire, proclamé à Versailles le 29 janvier 71, attestait l'unité allemande cimentée par l'appât de la conquête. Ce n'était pas une conclusion, mais un principe d'avenir. L'hégémonie de l'Allemagne, affirmée dans le palais de nos rois, menaçait l'Europe d'une expansion ardente, invasion de tous les instants. Car l'œuvre précise que Bismarck avait achevée avec prudence — la seule qui fût comprise alors — en masquait une autre : celle du Germanisme séculaire, triomphant par lui et bientôt le débordant.

CHAPITRE VI

ENTRE LES DEUX GUERRES
L'EXPANSION GERMANIQUE ET LA TORPEUR DE L'EUROPE

Le Germanisme, surgissant en plein monde moderne comme une puissance dévorante, a modifié la face de l'Europe. De tout temps ce milieu germanique, entre la claire civilisation latine et la masse confuse des peuples du Nord-Est, avait constitué une réserve de barbarie : barbarie rebelle à la colonisation romaine, puis s'instruisant avec l'Occident — mais toujours hostile. Cauteleuse et obstinée, divisant son entourage, l'Austro-Allemagne était restée impuissante à nous asservir, comme elle asservit les Tchèques et jadis les Hongrois. Car nous la divisions elle-même : nous prenions les devants, bénéficiant d'une intelligence plus souple, et d'une autorité plus vite organisée. Mais malheur à nous, dès les premiers signes d'indulgence ou de lassitude ! Il y allait du salut de la civilisation, dont nous étions les gardiens... Et telle fut bien en effet, après 1870, la triste menace qui pesa sur nous et sur l'Europe, au lendemain de nos défaites, résultats de nos fautes. A l'écart de notre civilisation latine, si humaine, se dressait donc un Germanisme, barbarie « cultivée ». Il avait sa Religion d'État, sa Science « allemande » : autrement dit, une discipline fanatique et un laborieux savoir, au service de son mysticisme ambitieux. Jamais le monde n'avait connu pareil péril. Et, bon gré mal gré, l'heure viendrait pour tous les peuples de se prononcer en face de lui.

Mais qui donc pouvait poser ainsi la question devant les consciences, alors que la France même, tutrice du monde civilisé, méconnaissait la pensée de son ennemie ? Répétons-le : il fallait révéler le Germanisme aux nations d'Europe, pour démasquer l'Allemagne. Il fallait, avant tout, percer à jour les nuées de son romantisme, discerner les sophismes sous sa philosophie, et la médiocrité d'esprit mais aussi le labeur tenace sous l'érudition de sa Science allemande. Alors, les illusions tomberaient ; on verrait clair, on jugerait l'ennemi : ses moyens deviendraient inefficaces ; on déjouerait sa propagande de tous les instants, au lieu d'en être la proie aveugle... Où trouver cette liberté de jugement ? Sans doute, il ne manquait pas de peuples, vers l'Est et le Sud-Est, qui connussent de longue expérience l'oppression germanique : mais le Germanisme n'avait-il pas la perfidie de soumettre ses victimes à l'emprise de sa « Culture » ? Ses Universités, riches et influentes, avec des bibliothèques et laboratoires bien montés, leurs réalisations pratiques et leur prestige dans l'État, tout cela, d'une utilité incontestable, ne permettait-il pas d'étaler du moins — aux yeux du commun — les formes tangibles de la Science ? On aimait l'esprit français, et l'on suivait les « méthodes » allemandes... créées en France pour la plupart, mais mises en valeur outre-Rhin. D'ailleurs les grandes nations d'Occident, elles-mêmes, joignaient à autant de déférence encore plus d'illusions : trop de dupes à la vue courte acceptèrent Sadowa et Sedan, avec leurs conséquences, s'inclinèrent plus humblement que jamais — malgré quelques résistances viriles — devant le « peuple des philosophes, des musiciens, des savants »... et se firent les auxiliaires inconscients de la germanisation de l'Europe. Qu'il s'agît du Kantisme en France, du Gœthisme en Angleterre, ou de « l'Art intégral » de Wagner, ou de « l'anarchisme » Nietzschéen, toutes ces influences avaient pour effet — sinon pour but — d'attendrir et de concilier, de produire cet état de confiance intellectuelle qui invitait au désarmement... de notre côté du moins. Cet attendrissement, sincère en deçà des Vosges, servait à merveille les desseins du Germanisme. Pareille complaisance envers le vainqueur provenait d'un singulier mélange d'idéologie et de crainte. Elle supposait une véritable défaillance de l'esprit de clarté qui nous défendit jadis, encore au temps de Voltaire, contre les philosophies suspectes du voisin. Déjà sans doute Voltaire lui-même, égaré par ses instincts d'anarchie, s'était montré pacifiste, donc prussophile ; et ses élèves de 1789 eurent peine à se défaire de cette utopie. On sait comment Mme de Staël la renouvela malgré l'amer démenti des faits, et comment désormais, au XIXe siècle, on se plut à voir « l'Allemagne des poètes et des penseurs » à travers une griserie de rêve romantique. Ce n'était pas fait pour donner aux générations récentes la vision nette des réalités. La dure leçon de 1870 humilia sans dessiller les yeux : tandis que les partisans de la Revanche s'enfermaient volontiers dans une haine farouche, d'autres cherchèrent un dérivatif dans la politique sociale ou les passe-temps intellectuels. Une curiosité mobile, un esprit tourné à tout vent, et s'abandonnant aux séductions de l'heure, sous couleur de Littérature et d'Art : comme tout cela sentait le renoncement ! Bien entendu, à la faveur du cosmopolitisme littéraire, les produits frelatés de l' « âme germanique » avaient libre cours sous des noms spécieux. Un « Symbolisme » renouvelé de Novalis embrumait les cerveaux. Mais, tandis que la Philosophie allemande servait à griser nos voisins d'une fanatique ivresse, et dissimulait l'armature d'une religion d'État, on n'en percevait chez nous que le reflet d'idéologie. On errait de Kant à Schopenhauer, ou à Nietzsche, ou à Gérard Hauptmann ; on devenait « impressionniste », anarchiste en littérature ; c'était le temps de l'École « décadente » : Quel contraste avec le début du même siècle, avec l'énergie française sous Napoléon !

Pendant ce temps, la lutte des partis avait repris de plus belle, et ses fluctuations se faisaient sentir jusque dans la politique extérieure. La troisième République était partagée entre le devoir de défense nationale et les revendications de la démocratie : celle-ci alléguant la possibilité d'une politique de paix, devant l'illusoire « sécurité » de nos frontières. Comme on ignorait le Germanisme, et par conséquent la nécessité pressante d'accroître la puissance française par tous les moyens, le désaccord naissait trop aisément au gré de la théorie de chacun, sur des questions pourtant vitales. Des changements de ministère, survenant à des heures graves, et accompagnés parfois de manifestations de la rue, n'assurèrent point la stabilité de ce régime d'opinion publique, ni la continuité de nos efforts militaires, diplomatiques, ou coloniaux. En 1885, Jules Ferry succomba devant les

« radicaux » de la Chambre, hostiles à notre expédition du Tonkin. Mais là-dessus, une réaction : et l'on voulut trouver un dictateur dans le faible général Boulanger ; car la question d'Alsace-Lorraine restait irritante, et faillit amener la guerre lors de « l'affaire Schnæbelé ». Puis, après l'échec du Boulangisme, et la disparition de Bismarck, les réformes sociales et les lois ouvrières occupèrent l'attention ; vis-à-vis de l'étranger, la haine populaire se détourna d'une Allemagne jugée bien « pacifique », pour s'égarer vers l'Angleterre, qui du reste ne se montra guère conciliante : l'incident de Fachoda, en 98, marqua le point critique de notre rivalité coloniale... Enfin, l'on s'arrangea peu à peu : et vers le même temps la force débordante de l'Allemagne impérialiste commença d'inquiéter le monde par ses soubresauts. Il fallut revenir à la grande politique nationale ; une génération d' « hommes nouveaux » le comprit : mais le pacifisme des partis « avancés » résistait, au nom de « principes » qui remontaient à la prussophilie de nos philosophes, ou encore aux béates illusions de Mme de Staël. Aussi le relèvement de la force française n'alla point sans vifs débats parlementaires, parmi l'entrecroisement des théories. Toute insistance au sujet des armements était suspecte de militarisme ; toute action vigoureuse, en diplomatie, passait pour agressive. L'encerclement de l'Allemagne, œuvre de M. Delcassé et du roi Edouard VII, parut une manœuvre aventureuse, provocante, faite pour désobliger le puissant Empire voisin : et le cabinet Rouvier sacrifia un si audacieux ministre des Affaires étrangères. Pourtant, quelles que fussent les exigences absorbantes de la politique sociale, les réalités extérieures étreignaient la France, et la pressaient de se décider. Le Germanisme, au Maroc, multipliait ses intrigues, ses menaces ; et, contre ceux qui osèrent « le coup d'Agadir » en 1911, une sourde colère gronda. L'opinion publique s'irritait, d'instinct, contre ces intrus insolents ou sournois, dont elle sentait partout l'invasion « lente » : vague pressentiment..... En vérité, bien peu d'hommes avertis pouvaient mesurer la redoutable puissance de l'adversaire. Et encore moins nombreux furent ceux qui ont su dire quelle énorme partie allait se jouer dans l'Histoire du monde.

La lutte imminente intéressait l'avenir même de l'humanité entière. Depuis le XVIIIe siècle — époque des origines précises du Germanisme[1] — deux manières de penser, deux systèmes, étaient en présence, et en conflit latent : une force d'oppression, disciplinée, instruite, armée à la moderne ; et la civilisation véritable, se réveillant un peu tard devant son devoir suprême au début du XXe siècle. En face de l'Allemagne prussienne, la France représentait cette civilisation : la France, forte d'un grand passé militaire et — malgré ses erreurs — des plus belles traditions de l'esprit. Sa rapidité d'intelligence et d'action faisait toujours d'elle une adversaire redoutable, dans la vieille Europe aveuglée, assoupie. On se flattait bien de nous démoraliser à l'avance, on escomptait une décadence de la « grande nation » ; mais

1. Ici, nous devons renvoyer à notre étude de ces origines : *Du Christianisme au Germanisme*. L'Evolution religieuse au XVIIIe siècle et la Déviation de l'Idéal moderne en Allemagne. Paris, F. Alcan (ouvrage achevé en avril 1911, publié en mars 1914).

il faudrait un jour en finir avec elle, la frapper du premier coup en plein cœur. Ensuite, on se retournerait contre l'Europe.

Il y aurait à faire, pour réaliser « la plus grande Allemagne », lui donner l'espace et les gages de richesse, les territoires et l'accès aux mers, tout ce que ses savants, ses généraux, ses financiers, ses marchands, revendiquaient depuis un siècle pour l'expansion de leur « Culture » : en un mot, le monde... Outre la France, ennemie brillante et jalousée, l'Allemagne était environnée d'obstacles : un chaos de forces immenses, plus ou moins éduquées, lui barrait la route de Constantinople et de l'Orient. Le péril slave avait de tout temps gêné les ambitions austro-allemandes. Elles se rapprochèrent donc entre elles au lendemain de 1870. Dès 62, Bismarck invitait l'Autriche à « transférer son centre de gravité à Ofen », en Hongrie : pour se débarrasser d'elle à l'ouest, il la poussait vers l'Orient. Or après 71 qu'avait-on à craindre de l'ancienne rivale ? L'Allemagne, de gré ou de force, était bel et bien prussienne : raison de plus pour conseiller à l'Autriche, définitivement, son « orientation » balkanique, et se ménager avec elle un nouvel équilibre, par un partage d'attributions. Les Hohenzollern avaient besoin de pionniers vers le Sud slave et l'Asie : les Habsbourg leur prêteraient main forte, dans l'intérêt commun. On le vit bien quand le chancelier de Berlin prépara à l'Autriche une future annexion de la Bosnie-Herzégovine, dès 1878. L'alliance austro-allemande fut décidée l'année suivante ; et malheureusement l'Italie, dont la Prusse en 66 nous avait dérobé l'amitié, l'Italie — comme si notre protectorat tunisien l'offusquait au point de lui faire oublier sa chère Trieste — sollicita de Bismarck une Triple-Alliance... avec l'Autriche et contre nous ! (1883).

Ainsi, par l'astuce et le marchandage, on cimentait, tant bien que mal, un bloc germanique au centre de l'Europe : on s'assurait des débouchés sur l'Adriatique, sur les Balkans, on visait Salonique et la mer Égée. Tout irait bien, si l'on maintenait séparés, désunis, les grands gêneurs de l'ouest et de l'est. Pour endiguer le flot des Slaves, le mieux était de se servir des Slaves eux-mêmes. Ce n'est pas en vain qu'au temps de l'Allemande Catherine II — cette « libérale » émule du « roi-philosophe » — Frédéric II avait impliqué la Russie dans le partage de la Pologne. Une telle solidarité dans l'oppression retenait l'Empire complice, ramenait les tsars aux Hohenzollern après toute velléité généreuse. Comment inaugurer une grande politique slave ? A l'intérieur, les immigrés teutons des provinces baltiques s'insinuaient dans l'administration, dans l'armée russe, germanisaient le « fonctionnarisme », persuadaient à leurs voisins crédules et emportés la nécessité d'une politique d'étouffement, sous couleur de « Culture » à la prussienne..... Et pendant ce temps, à la faveur de la même complicité, l'Autriche poursuivait en paix l'assimilation de ses Slaves de Bohême, avec le concours des Magyars, ces nouveaux Huns domestiqués par les Habsbourg et devenus les égaux de leurs maîtres. Ce dualisme autro-hongrois (1867), symbole de l'orientation vers les Balkans au lendemain de Sadowa, présageait un dernier chapitre, le plus scabreux, dans la « poussée vers l'est ». Comment éliminer les « protecteurs » traditionnels des sujets chrétiens de l'Empire ottoman ? Et pourtant Bismarck s'offrit cette satisfaction en 78, quand il arrêta les Russes, au seuil de Constantinople, par l'intervention européenne qui le chargea de présider le Congrès de Berlin. De toutes façons, la belle œuvre de la guerre russo-turque parut presque annihilée : la Roumanie, avec son roi « Carol » de Hohenzollern, ce bon ami de Guillaume Ier, fut vite en défiance contre ses libérateurs, qui lui avaient repris la Bessarabie[1]. D'autre part, en 1885, Serbes et Bulgares, au lieu de s'unir, se firent une courte guerre : après quoi, on plaça à Sofia Ferdinand de Saxe-Cobourg : sans oublier Belgrade, où bientôt Alexandre Obrenovitch se rendait odieux à son peuple par son attitude austrophile. Mais en 1903 une révolution de palais supprima ce souverain, traître à la cause nationale : Pierre Karageorgevitch — le nouveau roi au nom glorieux — prépara son petit royaume au grand rôle qu'il devait jouer dans la guerre de libération contre les Turcs. La victoire des Alliés balkaniques en 1913 devait en promettre une seconde : celle qui refoulerait, de l'autre côté, les Germains et Hongrois, et unirait enfin les Slaves du Sud. On sait comment l'Austro-Allemagne, excitant les Bulgares à une lutte fratricide, ruina dans les Balkans l'alliance unanime qui nous eût été si précieuse en 1914.

Or ce n'est pas seulement à l'est que le Germanisme fomentait la discorde pour paralyser ses rivaux : il ne surveillait pas moins, à l'ouest, les relations franco-anglaises, cette désunion persistante qui lui avait permis le rapide triomphe de 1870 — sans oublier Waterloo et

1. En Grèce, une sœur de Guillaume II épousa le futur roi Constantin.

la guerre de Sept ans. Si le « chauvinisme », se détournant de l'Alsace-Lorraine, reportait sa haine sur la « perfide Albion », et qu'un incident africain les mît aux prises, comme il serait aisé à l'Allemagne, « honnête médiatrice », d'amplifier son faible domaine colonial !

Justement le jeune Guillaume II venait d'arracher le pouvoir à Bismarck, pour ouvrir à son peuple avide les horizons d'une politique mondiale. Car l'Allemagne impériale était dévorée depuis 71 d'une activité fiévreuse, et s'exaltait au spectacle de sa puissance matérielle, de ses Universités, de son industrie, de ses compagnies de navigation, de sa population trop dense qui réclamait le monde à conquérir. Ses conflits intérieurs semblaient résolus : les catholiques s'étaient ralliés après le Kulturkampf (71-79) ; et Bismarck, tout en bridant la Sociale-Démocratie, lui avait jeté en pâture quelques lois avantageuses (83-89) : il n'en fallait pas plus pour la convaincre. Enfin, les profits de l'expansion pacifique — ou guerrière s'il le fallait — allaient combler de richesses cette Allemagne savante et travailleuse, qui attendait son heure, promise depuis plus d'un siècle par les prophètes romantiques du Germanisme.

Pourtant l'Europe, d'instinct, se ressaisissait peu à peu. La Russie, quels que fussent ses liens avec l'Allemagne, ne pouvait se défendre d'élans généreux : d'ailleurs, dans les Balkans, elle n'était pas d'humeur à subir la volonté de Bismarck et d'Andrassy, alliés dès 1879. Le tsar Alexandre II nous avait sauvés d'une agression allemande en 75 ; son fils Alexandre III, tout « autocrate » qu'il était lui-même, accorda franchement son appui à la France républicaine : l'Alliance franco-russe (1891) commençait l'encerclement de l'Allemagne. Le premier geste était fait : il donnait quelque assurance en cas de péril ; mais que vaudrait la préparation des Alliés au conflit futur? Y croyait-on assez ? Le pacifisme intellectuel qui déconseillait les armements, n'était pas particulier à la France : l'initiative des réunions de la Haye vint de Russie, où un Tolstoïsme humanitaire régnait en haut lieu ; et l'Angleterre aussi avait ses « libéraux », qui ont gardé trop longtemps leurs illusions sur l'Allemagne... Un peu tard, la nécessité l'emporta sur les théories : le résultat, tout de même, fut efficace. L'Entente cordiale de 1904, puis le rapprochement anglo-russe de 1907, complétèrent l'alliance de 1891, en attendant le repentir de l'Italie. Un cercle de nations, qui n'abdiquaient pas leur dignité, parut à son tour étreindre l'Austro-Allemagne : jamais coalition si grandiose ne s'était armée pour la civilisation. Au début d'août 1914, la Serbie attaquée, la Belgique envahie, décidèrent l'Europe. Les déclarations de guerre se succédèrent de jour en jour. On se compta : les grands Alliés en trouvaient d'autres au rendez-vous, à ce tournant de l'Histoire. Beau spectacle et souvenir émouvant...

www.ingramcontent.com/pod-product-compliance
Ingram Content Group UK Ltd.
Pitfield, Milton Keynes, MK11 3LW, UK
UKHW020606180726
13838UKWH00001B/464

9 782329 378367